Juegos de Lectura
LECTURA EFICAZ

La biblioteca secreta

B **Bruño**

GRUPO ANAYA

¿A QUÉ JUGAMOS?

2

SALIDA

3

Las reglas del juego

PASO **1** Leed el texto y observad atentamente la cubierta y la contracubierta de vuestro libro *La biblioteca secreta*.

PASO **2** Leed estas pistas para saber cómo va a mejorar vuestra lectura.

LEO Y COMPRENDO　**LEO Y PIENSO**

LEO A MI ALREDEDOR　**LEO EN VOZ ALTA**

➜ Comprenderé todo tipo de textos.
➜ Organizaré mis ideas.
➜ Leeré mejor en voz alta.

CONOZCO LA LENGUA

➜ Aprenderé el significado de las palabras y cómo emplearlas.

ENTRENO MI VISTA

➜ Sabré concentrarme mejor.

ENTRENO MI MEMORIA

➜ Reforzaré mi memoria visual.

ESCUCHO Y COMPRENDO

➜ Comprenderé mejor las lecturas que escucho.

¿Qué necesitas?

→ Fichas de color para cada jugador.
→ Un dado.

¡ME GUSTA LEER!

La biblioteca secreta
Ana Alonso
Ilustraciones de Violeta Monreal
ANAYA
PIZCA DE SAL

● ¿Qué dos objetos ves que son muy importantes en la historia?

CONTRACUBIERTA

La biblioteca secreta

El abuelo de Laura lleva toda su vida cuidando de su biblioteca. En que nadie sabía era que mantenía ocultos tres ejemplares valiosísimos: un códice del siglo IV, un incunable... A causa del alzhéimer, el abuelo ha olvidado dónde escondió los libros; lo único que sabe es que deben ser devueltos a su legítimo heredero. Laura emprenderá una investigación para dar con el paradero de los libros y tratar de recuperarlos.

Con este libro aprenderás...
Un montón de cosas sobre los códices y los primeros libros impresos.

Área de Lengua
PIZCA DE SAL
¡Para hacer más sabrosa la lectura!

A partir de 10 años
ANAYA

② ¿Qué ha cuidado toda su vida el abuelo de Laura?

③ ¿Qué mantenía oculto el abuelo?

④ ¿Por qué olvidó el abuelo dónde escondió los libros?

⑤ ¿Qué intentará hacer su nieta Laura?

PASO 3 Tapad las pistas con una hoja de papel.

PASO 4 Organizaos en grupos de 3 o 4 participantes. Uno de vosotros arbitrará el juego y dirá si las respuestas son válidas.

PASO 5 El primer jugador tira el dado y avanza las casillas que indique (puede iniciar el juego el participante que saque el número más alto).

PASO 6
■ Si cae en una casilla vacía, pierde la vez.
■ Si cae en una casilla con círculo de color, tiene que explicar en qué le ayudará este tipo de actividad.
■ Si cae en una casilla numerada, contestará a la pregunta sobre la cubierta y la contracubierta.

PASO 7
■ Si aciertas, adelantas una casilla.
■ Si fallas, retrocedes dos casillas y pasas el turno a otro jugador.

PASO 8 Gana quien llegue primero a la meta.

¡Empezamos!

Lee el capítulo 1 y, después, realiza las actividades.

→ **¿Cómo conducía la madre de Laura?**

a Lentamente.
b Con volantazos bruscos.
c Parando el coche y volviendo a arrancar.
d Nunca cambiaba de carril.

→ **¿Qué tiempo hacía?**

a Nevaba.
b Hacía un día muy caluroso.
c Llovía.
d Hacía frío, pero no llovía.

→ **El abuelo padece ...**

a pérdida de memoria.
b dificultad para andar.
c muchos dolores.
d pérdida de vista.

→ **¿Quién es Ana Esther?**

a Una vecina muy mayor.
b Una cantante famosa.
c La dueña del piso del abuelo.
d La cuidadora del abuelo.

→ **¿Cómo se llamaba el abuelo?**

a Alonso.
b Alfonso.
c Adolfo.
d Francisco.

→ **¿Qué era la casona?**

a Un restaurante.
b Una casa muy pequeña.
c Un palacio del siglo XVI.
d Una construcción para guardar alimentos.

→ **¿Cómo era el ascensor?**

☐ Amplio y cómodo. ☐ Muy rápido. ☐ Moderno, pero lento.

☐ Rápido y ruidoso. ☐ Estrecho, incómodo y lento. ☐ No había ascensor.

→ **¿Por qué Nuria estaba enfadada?**

→ **¿Quiénes iban en el coche?**

→ **¿Qué le dio el abuelo a Laura?**

☐ Un billete de cien pesetas y un papel con un número de teléfono.

☐ Un billete antiguo y un *walkie-talkie*.

☐ Un número en un papel y cinco euros.

Juega con las palabras

Busca cada palabra en la página indicada del libro. Lee el párrafo en el que está para deducir su significado.

➜ **Escribe el número de cada palabra junto a su significado.**

1 **excepción** (página 5) ◻ Enfermedad que provoca la pérdida de memoria.

2 **volantazo** (página 6) ◻ Sentimiento de tristeza o angustia.

3 **agrio** (página 6) ◻ Con sentimiento de gran alegría.

4 **alzhéimer** (página 6) ◻ Encorvada, inclinado hacia abajo.

5 **gacha** (página 7) ◻ Giro brusco y repentino dado al volante de un vehículo.

6 **reojo** (página 8) ◻ Áspero y desapacible en el trato.

7 **casona** (página 10) ◻ Exclusión del cumplimiento de una norma común.

8 **desolación** (página 11) ◻ Espacio en que termina cada tramo de escalera.

9 **radiante** (página 12) ◻ Casa señorial antigua.

10 **rellano** (página 13) ◻ Mirar hacia un lado sin mover la cabeza. A veces con enfado.

➜ **Señala las dos frases en las que la palabra resaltada se utiliza correctamente.**

◻ Dio un **volantazo** y chocó contra un árbol.

◻ Caminaba con la cabeza **gacha,** bien alta y mirando al frente.

◻ Los vecinos se juntaban en el **rellano** de la escalera todos los días.

◻ No pudo terminar de pintar, porque le faltaba el color **reojo.**

➜ **Elige una palabra del ejercicio anterior de la que no conocías su significado o te parezca difícil. Escribe una oración con ella.**

Palabra: ....

Oración: ....

....

Encaja las piezas

Elige una etiqueta de cada columna para formar seis oraciones.
Escríbelas debajo.

Todo el	del edificio del	unas calles	mal humor.
Caminaron bajo	puso en	le gustan	estrecho e incómodo.
El ascensor	mundo parecía	el plato	los libros.
El abuelo se	mujer no	estar de	tienes los libros.
A esa	la lluvia por	di que	cuatro pastas.
Llama a ese	teléfono y	abuelo era	estrechas y antiguas.

1 ....
2 ....
3 ....
4 ....
5 ....
6 ....

En clave

Lee el texto y elige las dos palabras que consideres más importantes para resumirlo.

→ Escribe las palabras y explica por qué las has elegido.

> Yo sé de qué libros habla, unos que su padre vendió nada más volver de Francia. Cuando comenzó a ponerse mal, empezó a obsesionarse con que no se habían vendido y con que había que devolverlos. Fue una de las primeras señales de que estaba perdiendo la cabeza.

→ He elegido las palabras:

.... : porque ....

.... : porque ....

¡Mucha atención!

Escribe las tres letras que se repiten en cada grupo.

R	B	Ñ	H
D	X	M	J
K	D	Z	L
Ñ	M	P	A

B	J	H	T
R	P	S	L
S	M	K	I
T	D	B	Q

L	S	R	B
C	H	V	P
A	M	B	L
D	X	S	E

....

S	X	E	X
B	P	K	D
P	U	R	O
L	P	B	Z

F	G	A	F
V	O	I	B
U	H	M	J
C	D	O	G

E	Z	E	B
B	T	P	G
P	D	Y	V
L	X	R	C

....

¿Qué sabes de la lectura en voz alta?

Marca V o F al lado de cada afirmación, según sea verdadera o falsa.

		V	**F**
1	Cuando se lee para uno mismo se utiliza una lectura silenciosa.	☐	☐
2	Cuando se lee para los demás se hace en voz alta.	☐	☐
3	Antes de leer en voz alta es mejor no preparar el texto en silencio.	☐	☐
4	La postura no importa. Conviene balancearse y moverse mucho.	☐	☐
5	Para evitar los nervios, lo mejor es taparse la cara con el libro.	☐	☐
6	Hay que mirar a los oyentes y captar su atención.	☐	☐
7	Los nervios se evitan preparando antes bien la lectura.	☐	☐
8	Lo más importante al leer en voz alta es que entiendan tu mensaje.	☐	☐
9	Hay que entrenar la velocidad, el volumen y la pronunciación.	☐	☐
10	Cuando se lee en voz alta no sirve de nada adelantarse al texto.	☐	☐

➜ **Compara las respuestas con las de tus compañeros y compañeras.**

Solo con los ojos

Lee las palabras de cada etiqueta de un solo golpe de vista.

El ascensor del edificio del abuelo era estrecho e incómodo.

A Laura le daba un poco de claustrofobia, porque subía con

una lentitud exasperante. Al menos, no se detuvo entre dos pisos,

como le ocurría otras veces. Las transportó sin incidentes hasta el quinto.

→ **¿Hasta qué piso subieron en el ascensor?**

Lee cada pareja de palabras fijando la vista en el punto.

señal ● carril	plan ● año	vista ● libro
tarde ● lluvia	casa ● viaje	piso ● hija
coche ● libro	libro ● cara	cajón ● calor
brazo ● ojos	reojo ● fondo	padre ● pasta

→ **¿Qué palabra se repite tres veces?** ....

Busca, en las columnas del mismo color, las parejas de palabras que son diferentes y subráyalas en las columnas 3 y 4.

1	**2**	**3**	**4**
carril	cabeza	carril	cabeza
prisa	diseño	brisa	risueño
madre	abuelo	madre	abuelo
enfado	sonrisa	enfado	sonrisa
nombre	cara	hombre	casa
rojo	hija	rojo	hija
planes	pañal	panes	pañal
drama	bombón	drama	bombo
casa	memoria	caso	memoria
hombro	pelo	hombro	celo
vuelta	calor	ruleta	color
viaje	palacio	viaje	palacio

Unas normas

Lee las normas para un correcto uso del ascensor y realiza las actividades.

 Presiona una sola vez el botón de llamada o del piso al que quieres ir.

 No fuerces o interrumpas el funcionamiento de las puertas.

 Respeta la capacidad máxima indicada de personas.

 Viaja siempre en el ascensor acompañado de un adulto.

 No realices movimientos bruscos o saltos dentro de la cabina. Aléjate de las puertas.

 En caso de emergencia, pulsa el botón de alarma y espera con tranquilidad. No intentes nunca salir por tu cuenta.

→ **Indica si las siguientes afirmaciones son verdaderas (V) o falsas (F):**

		V	F
1	Los botones se pulsan muchas veces.	☐	☐
2	El número de personas puede superarse en dos o tres.	☐	☐
3	No hay que moverse mucho ni saltar en su interior.	☐	☐
4	Si van más de un niño, pueden viajar solos.	☐	☐
5	No hay que forzar las puertas ni interrumpirlas.	☐	☐

→ **¿Qué debes haces si vas en el ascensor y se estropea?**

☐ Gritar y ponerte nervioso.

☐ Saltar y pulsar todos los botones.

☐ Intentar abrir las puertas.

☐ Pulsar el botón de alarma.

☐ Esperar con tranquilidad.

☐ Salir por el techo.

→ **¿Qué dos normas te parecen más importantes? Explica tu respuesta.**

....

....

→ **¿Por qué es importante comprender correctamente unas normas?**

....

LEE EN SILENCIO

Puedes consultar el libro las veces que lo necesites

¡Empezamos!

Lee el capítulo 2 y, después, realiza las actividades.

→ **¿Qué cena preparó el padre?**

a Espaguetis a la carbonara.

b Una gran ensalada y una tortilla.

c Sopa de estrellas y pollo.

d Ensalada y pescado a la plancha.

e Puré de verduras y tortilla.

→ **El bisabuelo debió quedarse con...**

a billetes y monedas.

b vajillas de plata.

c relojes antiguos.

d obras de arte y libros.

e joyas de gran valor.

→ **Marca con una cruz las tres afirmaciones que son verdaderas.**

☐ El abuelo se acordó de llamar a Laura por su nombre.

☐ El padre lavaba siempre su sartén favorita en el lavavajillas.

☐ Nuria supo que el número era de Francia porque lo ponía en la nota.

☐ Laura confesó a Nuria lo que le había dado su abuelo.

☐ Laura llamó al número de móvil.

☐ La persona que respondió a la llamada no sabía hablar español.

→ **¿Estás de acuerdo con los siguientes comportamientos de los personajes? Explica tu respuesta.**

• El bisabuelo se queda con objetos robados por los nazis.

• Laura desveló a su hermana el secreto de su abuelo.

• La madre dice que no aguanta más que el abuelo no la reconozca.

• Ponte en el lugar de Laura: ¿hubieses llamado al teléfono de Francia?

Juega con las palabras

Busca cada palabra en la página indicada del libro. Lee el párrafo en el que está para deducir su significado.

→ **Escribe la palabra junto al significado correcto.**

- **absurda** (página 15)
- **sollozos** (página 16)
- **triunfante** (página 17)
- **prefijo** (página 18)
- **registrar** (página 18)
- **porcentaje** (página 20)
- **mueca** (página 20)
- **edredón** (página 20)
- **dígito** (página 20)
- **reflexionar** (página 20)

Que ha quedado victorioso y ha tenido éxito. _____

Proporción que toma como referencia el 100. _____

Mirar, examinar algo con cuidado. _____

Pensar detenidamente en algo. _____

Opuesta a la razón, que no tiene sentido. _____

Cubrecamas con relleno de plumón. _____

Signo con el que se representa un número. _____

Respiraciones entrecortadas a causa del llanto. _____

Contorsión del rostro, generalmente burlesca. _____

Cifras iniciales del teléfono que indican el lugar. _____

Texto numerado

Lee este texto numerado.

1 —Sí —explicó Nuria—.
2 Esa historia de los libros
3 es una especie de leyenda
4 familiar. El bisabuelo
5 Ismael estaba en París
6 cuando se marcharon los
7 nazis, ¿sabes? En la
8 Segunda Guerra Mundial.
9 Él estaba muy bien
10 considerado en la
11 Resistencia. Con otros
12 compañeros, lo
13 mandaron a registrar
14 algunas de las casas que
15 los jefazos nazis habían

16 ocupado y habían
17 convertido en sus
18 cuarteles generales.
19 Buscaban documentos,
20 listas... Esas cosas. Pero
21 parece que el bisabuelo
22 encontró algo más.
23 Obras de arte... y libros.
24 —¿Eran de los nazis? —
25 preguntó Laura, sin entender.
26 —No, boba. Eran de las
27 personas a las que los nazis
28 les habían expropiado sus
29 bienes. Judíos e intelectuales
30 contrarios a sus ideas.

→ **Escribe en qué línea aparecen las siguientes palabras.**

- libros: _____
- leyenda: _____
- bienes: _____
- jefazos: _____
- cuarteles: _____

Verdadero o falso

Vuelve a leer el texto de la página anterior. Indica si las siguientes afirmaciones son verdaderas (V) o falsas (F).

V F

1. La historia de los libros es una especie de leyenda familiar. ☐ ☐
2. Todo ocurrió durante la Primera Guerra Mundial. ☐ ☐
3. El bisabuelo estaba muy bien considerado en la Resistencia. ☐ ☐
4. Los nazis ocuparon casas para convertirlas en sus cuarteles generales. ☐ ☐
5. Los compañeros de la Resistencia buscaban listas y documentos. ☐ ☐
6. El bisabuelo buscaba libros, pero no encontró ninguno. ☐ ☐
7. Las obras de arte habían sido desde siempre de los nazis. ☐ ☐
8. Los nazis habían robado los bienes a personas contrarias a sus ideas. ☐ ☐

En resumen

Marca con una X el resumen que sea más apropiado para este texto.

Laura iba por el pasillo detrás de su hermana en dirección a su habitación, cuando Nuria la sobresaltó girándose de golpe.

—Confiesa. Te dijo algo más, ¿a que sí? —preguntó en tono acusador.

—¿Qué dices?

—El abuelo. Te conozco más que tú misma, y sé que a mamá no se lo dijiste todo. Se notaba a mil kilómetros que estabas deseando cambiar de conversación. Y eso es porque te dijo algo más. ¿Qué te dijo?

—Me dio esto —confesó Laura, y le tendió a su hermana el billete de cien pesetas junto con la nota en la libreta.

| ☐ A pesar de su insistencia, Nuria no consigue que Laura le cuente nada de lo que le dijo el abuelo, ni lo que le dio. | ☐ A Nuria le gustaría saber lo que el abuelo le dijo y lo que le entregó. Han acordado que se lo contaría todo mañana por la tarde. | ☐ Nuria insiste y consigue que su hermana Laura le cuente el secreto que le ha dicho su abuelo. También le enseña lo que le dio: un billete y una nota en la libreta. |

Al revés

Las palabras de la columna A están escritas a la inversa en la columna B. Relaciónalas escribiendo la letra correspondiente en cada caso.

¡Fíjate en el ejemplo!

A		B	A		B
A. volante		acisúm	A. pasillo		orbil
B. coche		airotsih	B. billete		atsil
C. lluvia	A	etnalov	C. prefijo		ojiferp
D. nombre		anec	D. libro		etellib
E. historia		allitrot	E. lista		nóderde
F. silencio		nétras	F. lucha		etra
G. música		aivull	G. arte		ollisap
H. palabra		oicnelis	H. negocio		nórdal
I. tortilla		erbmon	I. ladrón		otigíd
J. sartén		arbalap	J. edredón		ahcul
K. cena		ehcoc	K. dígito		oicogen

¿Cómo pronuncias?

Practica con estos trabalenguas para mejorar tu pronunciación. Prepáralos en silencio antes de leerlos en voz alta.

Fábulas fabulosas hay en fabulosos fabularios, fabuladores y fabulistas hacen fábulas fabulosas pero la fabulosidad de las fábulas del fabulistano son fabulosas si no hace un fabulario de fábulas.

El librero libera un libro de la librería liberando un gran libro de la librería del librero.

Si al pronunciar te trabas con las palabras, practica con trabalenguas, porque trabalenguando, trabalenguando, te irás destrabalenguando.

Cuando cuentes cuentos, cuenta cuántos cuentos cuentas, porque si no cuentas cuántos cuentos cuentas, nunca sabrás cuántos cuentos cuentas tú.

AUToeVaLUaCióN

¿**Pronuncias** correctamente el texto para que te entiendan con claridad?

Valóralo del 1 al 10

1 2 3 4 5 6 7 8 9 10

Solo con los ojos

Lee el texto saltando de la columna izquierda a la derecha.

—Entonces... ¿era un ladrón?
Nuria asintió con una mueca dramática.
—Somos las biznietas de un ladrón —concluyó—.
Y todo lo que tenemos se lo debemos a él.
Nuestro bisabuelo regresó convertido
en un hombre rico. Es extraño, ¿no? Cuando
le preguntaban, decía que había tenido suerte «en el
negocio del arte y de los libros raros».

➡ **¿Qué piensan que fue su bisabuelo?** ....

Lee cada pareja de palabras fijando la vista en el punto.

rico ● nota		valor ● oído		sartén ● marido	
nada ● cama		tono ● cena		gotas ● lluvia	
cien ● arte		familia ● acento		rumbo ● francés	
dígito ● número		español ● francés		móvil ● mano	

➡ **¿Qué palabra se repite tres veces?** ....

Escribe las palabras que se repiten en cada columna y cuántas veces.

A	B
sartén	casa
sollozo	cama
tortilla	suerte
billete	negocio
lluvia	cama
libreta	ojos
sartén	arte
tortilla	ladrón
lluvia	cama
abuelo	casa
sartén	ojos
volante	bolsillo
libro	cama
lluvia	hombro
pasillo	casa
cien	número

A

B

Una infografía

Lee atentamente esta infografía que muestra las partes de un libro y realiza las actividades.

Contracubierta. Parte exterior trasera de un libro. Suele presentar un breve resumen de la obra (sinopsis).

Solapa. Parte de la sobrecubierta doblada sobre la tapa. Suele contener información sobre el autor del libro.

Guarda. Hoja de papel no escrita, en blanco o color, que protege las páginas interiores del libro.

Cubierta. Parte exterior delantera del libro. Incluye el título, el nombre del autor o autora y el nombre de la editorial. Es la parte más llamativa porque incluye fotos o ilustraciones y un diseño atractivo.

VERSOS FRITOS

Lomo. Parte lateral del libro que tiene la función estructural de juntar todas las páginas, ya estén cosidas o pegadas. Lleva el nombre del autor y el título del libro.

Sobrecubierta. Cubierta a modo de forro que protege el libro.

Páginas. Espacio en el que se imprime el contenido de la obra.

→ **Indica si las siguientes afirmaciones son verdaderas (V) o falsas (F):**

	V	F
1 La parte visible de un libro en una estantería es el lomo.	☐	☐
2 La sobrecubierta va pegada al libro.	☐	☐
3 Las páginas están al principio y las hojas al final.	☐	☐
4 La guarda protege las páginas interiores.	☐	☐
5 En la guarda se presenta al autor.	☐	☐

→ **Señala los tres datos que puedes encontrar en la portada.**

☐ Año de publicación ☐ Título ☐ Resumen del libro ☐ Autor ☐ Editorial

→ **¿Qué es la sinopsis y dónde puedes encontrarla?**

_____

_____

→ **¿Dónde aparece la información sobre el autor?**

☐ Portada ☐ Solapa ☐ Guarda ☐ Lomo ☐ Páginas

→ **Antes de abrir el libro, ¿qué dos partes son útiles para el lector?**

_____

JUEGO 3

LEE EN SILENCIO

Puedes consultar el libro las veces que lo necesites

¡Empezamos!

Lee el **capítulo 3** y, después, realiza las actividades.

→ **¿Dónde quedan Isabel y Laura con Erik?**

a En la puerta del ayuntamiento.
b En su casa.
c En la cafetería de un hotel.
d En un parque.
e En la estación de tren.

→ **¿En qué convirtieron los nazis la casa de Erik?**

a En un hotel.
b En una oficina de espionaje.
c En la residencia del general alemán.
d En un albergue para judíos.
e En un hospital de soldados.

→ **¿Cómo fueron al encuentro con Erik?**

a En el coche de Isabel.
b En taxi.
c Caminando.
d En metro.
e En autobús.

→ **¿Quiénes fueron a ver al abuelo?**

a Isabel, Laura y Erik.
b Laura y Erik.
c Isabel y Erik.
d Solo fue Erik.
e Al final no fue nadie a verlo.

→ **Marca con una cruz las tres afirmaciones que son verdaderas.**

☐ Los sábados, Isabel y Laura desayunaban tostadas con aguacate y atún.

☐ Erik tenía fotos de los libros, pero las había perdido.

☐ El bisabuelo robó los libros.

☐ Un antepasado de Erik fue uno de los primeros impresores de Europa.

☐ Erik vivía en París y no hablaba en español.

☐ La madre de Laura solo vio los libros un par de veces, cuando era pequeña.

→ **Indica si cada una de estas afirmaciones es una opinión (O) o un hecho (H).**

	O	H
① Laura cree que el chico es una buena persona.	☐	☐
② La madre piensa que pueden localizar a Laura con el teléfono.	☐	☐
③ Laura quedó con Erik en un hotel.	☐	☐
④ Erik demuestra con documentos que los libros son de su familia.	☐	☐
⑤ Erik ha venido desde París para hablar con Laura.	☐	☐

Juega con las palabras

Lee el párrafo en el que están las palabras indicadas para deducir su significado.

➡ **Marca la definición correcta.**

- **incredulidad** (página 23)
  - ☐ Facilidad para creerlo todo.
  - ☐ No crecer lo suficiente.
  - ☐ Dificultad para creer algo.

- **traslucir** (página 23)
  - ☐ Permitir ver algún indicio.
  - ☐ Facultad de ver en la oscuridad.
  - ☐ Emanar luz propia.

- **heredero** (página 23)
  - ☐ Persona endeudada.
  - ☐ Que recibe bienes familiares.
  - ☐ Especialista en caballos.

- **sorbo** (página 24)
  - ☐ Personaje mitológico.
  - ☐ Porción que se bebe de una vez.
  - ☐ Plato de sopa.

- **prepandémico** (página 27)
  - ☐ Después de una pandemia.
  - ☐ Masa preparada para el pan.
  - ☐ Antes de una pandemia.

- **fortuna** (página 25)
  - ☐ Juego de cartas.
  - ☐ Relación con otra persona.
  - ☐ Hacienda, bienes, dinero.

- **desvarío** (página 26)
  - ☐ Delirio, locura.
  - ☐ Cordura, razón.
  - ☐ Desvío en la autopista.

- **transbordos** (página 26)
  - ☐ Pasar de un vehículo a otro.
  - ☐ Tratamientos médicos.
  - ☐ Menús vegetarianos.

- **antebrazo** (página 24)
  - ☐ Parte desde el codo a la muñeca.
  - ☐ Parte desde el codo hasta el hombro.
  - ☐ Parte desde el hombro a la muñeca.

➡ **Señala las dos frases en las que la palabra resaltada se utiliza correctamente.**

- ☐ Mis padres me nombraron **heredero** de todos sus bienes.
- ☐ Metí los libros viejos en una caja y la subí al **desvarío.**
- ☐ Lo bebí **sorbo a sorbo,** para saborearlo mejor.
- ☐ Tenía una **fortuna** enorme, porque estaba totalmente arruinado.

➡ **Elige una palabra del ejercicio anterior de la que no conocías su significado o te parezca difícil. Escribe una oración con ella.**

....

....

¡Sigue las pistas!

Lee las pistas y averigua el número de los libros que pertenecen a la familia de Erik.

Pistas

El Beato es el libro más grande.

El incunable está entre el Beato y el códice.

El códice está entre el incunable y el libro actual.

1

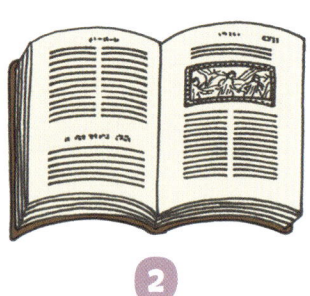
2

3

4

→ **¿Qué número es cada uno?**

códice: _____ incunable: _____ Beato: _____ libro actual: _____

Encaja las piezas

Ordena las palabras para formar oraciones y escríbelas debajo.

1 llamado He número al teléfono de.

....

2 quedado Hemos en cafetería la hotel del.

....

3 Lo vayamos mejor con hablar será que a él.

....

4 consultó Isabel el reloj en la redondo pared.

....

5 se levantó El chico para la mano estrecharles.

....

6 fue uno primeros impresores de Mi antepasado los.

....

¡Mucha atención!

Busca y escribe lo antes posible las veces que se repiten las letras o los números que se indican en cada recuadro.

→ Escribe cuántas veces se repiten las letras o números en cada recuadro.

8	4	2	8	4	2
9	0	6	5	1	9
7	3	7	6	9	3
4	1	0	8	2	1
6	2	1	4	0	6
0	8	7	5	3	8

2: .... 3: ....
8: .... 5: ....

d	i	p	j	e	b
b	v	r	n	q	a
a	h	d	x	z	d
ñ	t	c	s	p	f
d	b	g	m	l	k
y	q	o	p	d	b

p: .... b: ....
q: .... d: ....

G	L	3	D	Q	6
8	A	7	Y	6	9
6	2	Q	G	4	B
1	F	6	H	Z	6
9	Q	3	C	Q	0
6	M	2	8	7	G

Q: .... G: ....
3: .... 6: ....

¿Usas el volumen adecuado?

Lee cada línea con la intensidad indicada.

susurro	→	Mi antepasado fue Aldo Manuzio, uno de los
grito	→	primeros impresores de Europa. Tenía su taller en
normal	→	Venecia, y los libros que imprimió contribuyeron a
alarido	→	expandir los ideales del Renacimiento. A lo largo
normal	→	de generaciones y generaciones, mi familia ha
susurro	→	vivido por y para los libros. Durante la ocupación
grito	→	nazi, el pequeño palacio de mis bisabuelos en el
alarido	→	distrito XVI fue convertido en oficina de espionaje
normal	→	por los alemanes. Mi bisabuela murió en
susurro	→	Auschwitz. Mi bisabuelo sobrevivió, pero, cuando
grito	→	regresó a París, sus obras de arte y sus libros
alarido	→	habían sido robados.

AUTOEVALUACIÓN

¿Utilizas un **volumen adecuado** para que todos puedan escucharte?

Valóralo del 1 al 10 →

1 2 3 4 5 6 7 8 9 10

Solo con los ojos

Lee las palabras de cada recuadro de un solo golpe de vista y responde a la pregunta.

A ver si   lo he entendido: Has quedado con   un desconocido que

reclama tres   libros valiosísimos.   Seguramente ni   siquiera había oído

hablar de ellos   hasta que tú   le llamaste.   Pero claro,   se ha agarrado a

la oportunidad.   Estaban desayunando   tostadas de aguacate   con atún,

el desayuno especial   de los sábados.

➡ **¿Qué reclamaba el desconocido?** ....

Lee varias cada pareja de palabras fijando la vista en el punto.

tarde ● hablan	
amiga ● silla	
taza ● rojo	
chico ● fotos	

lío ● libro
tres ● cita
familia ● chico
abuelo ● naranja

chico ● gesto
saliva ● familia
palacio ● pintora
nunca ● pistas

➡ **¿Qué palabra se repite tres veces?**

....

Busca las palabras que no se repiten y escríbelas.

todo	casa	mesa	casa	beato	verdad
mesa	verdad	guerra	todo	familia	guerra
ladrón	fortuna	códice	historia	ladrón	incunable
historia	familia	fortuna	....	....	....

mercado	reloj	sueño	té	metro	pelo
cita	metro	café	mercado	hotel	sonrisa
hotel	pelo	cita	reloj	cabeza	sueño
zumo	cabeza	sonrisa	....	....	

La historia de la imprenta

Lee con atención este texto informativo y responde a las preguntas.

- **¿Cuándo se inventó la imprenta? ¿Quién la inventó?**

  Existe una fecha clave: **1440**. Este es el año en el que se atribuye de manera oficial la **invención de la imprenta** al alemán Johannes **Gutenberg**, más conocido como *Padre de la Imprenta*.

- **¿Cómo se invento la imprenta?**

  El gran mérito de Gutenberg consistió básicamente en perfeccionar las técnicas de impresión existentes, fundiendo en metal cada una de las letras del alfabeto por separado e ideando el sistema para ponerlas a continuación unas de otras. De esta forma, lo que se conseguía era compo-ner más rápido las páginas y reutilizar los moldes para componer otras. Pero no fue hasta 1452, cuando se imprime la obra más importante en el mundo de la impresión, la *Biblia de 42 líneas* o *Biblia de Gutenberg.*

- **La imprenta actual**

  Hoy en día, imprimir un libro no resulta tan complejo como antaño. Lo que anteriormente eran los tipos móviles, han sido sustituidos por sistemas de composición por ordenador, agilizando el proceso de una manera extraordinaria y poniendo la edición de libros al alcance de cualquier persona.

  Fuente: Blog de Lozano Impresores

→ **Indica si las siguientes afirmaciones son verdaderas (V) o falsas (F).**

	V	F
1 La imprenta se inventa en 1340.	☐	☐
2 El alemán Johannes Gutenberg inventó la imprenta.	☐	☐
3 Gutenberg no empleó ningún método existente.	☐	☐
4 Gutenberg fue conocido como *Padre de la Imprenta.*	☐	☐
5 Hoy en día, imprimir un libro resulta más difícil que antes.	☐	☐

→ **¿Qué fundía en metal por separado?**

☐ Las páginas del libro.   ☐ Las letras del alfabeto.

→ **¿Qué obra marca el inicio de la Edad de la Imprenta?**

....

→ **¿Por qué han sido sustituidos los tipos móviles de letras?**

....

→ **Los expertos aseguran que la imprenta es uno de los mayores inventos de la historia. ¿Estás de acuerdo? ¿Por qué?**

....

....

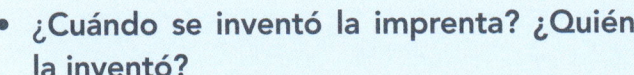

Organiza las ideas

Fíjate en las palabras de este texto y dónde se colocan en el gráfico:

La **impresión digital** se realiza mediante **inyección de tinta** o **impresión láser**.

La impresión digital

se realiza con

inyección con tinta   impresión láser

¡Ahora tú!

➡ **Rodea con un círculo el concepto central y con círculos azules los conceptos principales. Subraya las palabras de enlace.**

La impresión *offset* emplea tinta a base de agua y placas de aluminio.

➡ **Coloca cada idea en su lugar en este mapa conceptual.**

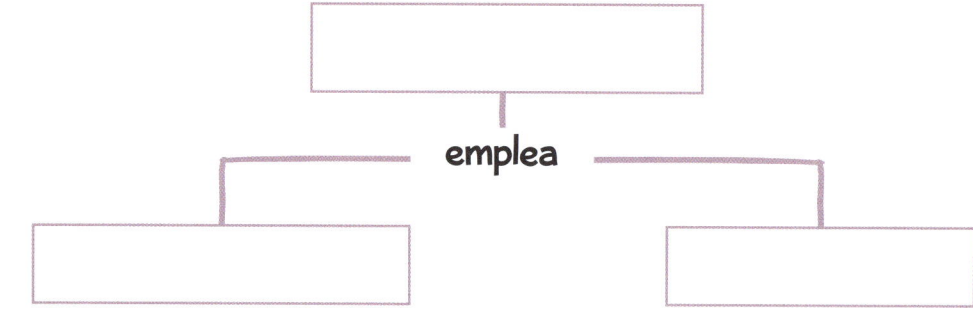

emplea

... Y al revés

➡ **Escribe el texto que se corresponde con el gráfico.**

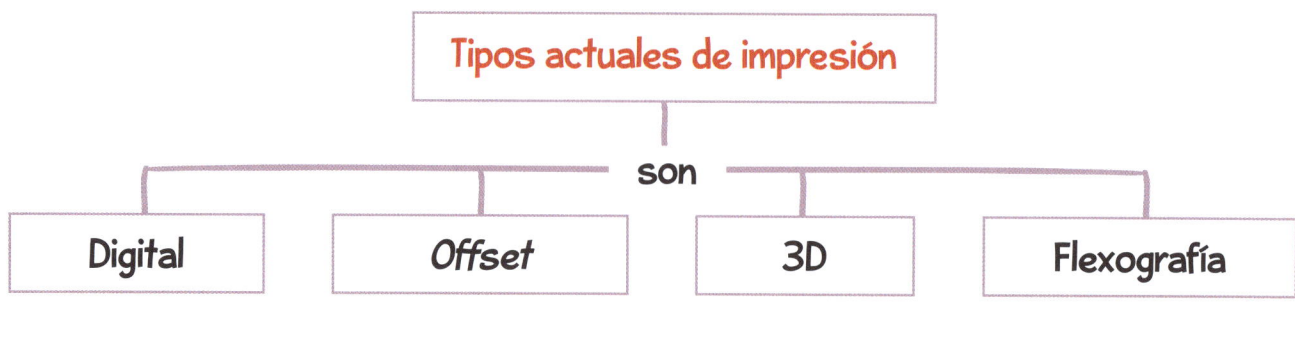

Tipos actuales de impresión

son

Digital   Offset   3D   Flexografía

El texto está en las páginas 12 a 14 del libro

 El abuelo

Presta mucha atención al texto que vas a escuchar. Luego, realiza las actividades.

➡️ **¿Qué obsesionaba al abuelo?**

a La compra de una televisión.

b Pensaba que no le daban de comer.

c La devolución de unos libros.

➡️ **¿Qué pensaba Isabel?**

a Que tenían que devolver los libros.

b Que aquellos libros no existían.

c Que su padre los engañaba.

➡️ **¿Para qué le dio el abuelo a Laura un número de teléfono?**

a Para que lo quemase.

b Para que lo memorizase.

c Para que llamase.

➡️ **El abuelo creía que su hija era…**

a Isabel.

b Laura.

c Ana Esther.

➡️ **El abuelo decía que a Isabel…**

a no le gustaban los libros.

b le gustaba mucho leer.

c le gustaba solo leer revistas.

➡️ **¿Qué tenía que decir Laura?**

a Los tengo. Tengo los libros.

b Mi abuelo le llama.

c No los tengo. No tengo los libros.

➡️ **Marca con una cruz las tres afirmaciones que son verdaderas.**

☐ Laura estaba segura de que el abuelo entendía lo que decían.

☐ El abuelo llamó a su nieta Laura por su nombre.

☐ El abuelo dice que los libros son suyos y no los devuelve.

☐ El abuelo tenía escondidos el billete y el número en un tarro de la cocina.

☐ Laura se guardó lo que le dio el abuelo en el bolsillo del anorak.

☐ El número de teléfono estaba escrito con bolígrafo en una cartulina.

➡️ **Relaciona cada oración con el personaje que la dice.**

Está desesperado con esos libros. ●   ● Isabel

Siempre he sido muy buena lectora. ●   ● Laura

Llama a ese número. ●   ● Ana Esther

¿De quién es ese teléfono? ●   ● El abuelo

➡️ **Inventa un nuevo título para el texto que has escuchado.**

_____

_____

JUEGO 4

LEE EN SILENCIO

Puedes consultar el libro las veces que lo necesites

¡Empezamos!

Lee el capítulo 4 y, después, realiza las actividades.

→ **¿Qué pensaba el abuelo de estar perdiendo la memoria?**

a Que se trataba de un mal menor.

b Que era algo pasajero.

c Que era una tragedia.

d No se enteraba de nada.

→ **¿Qué dice el abuelo sobre las personas que quieren los libros?**

a Que podrían matarles a todos.

b Que seguramente los robarían.

c Que querrían comprarlos.

d Que perderían pronto el interés.

→ **¿De qué había trabajado el abuelo en Madrid?**

a De bibliotecario.

b Fue dueño de una fábrica textil.

c De chófer de personas importantes.

d De anticuario.

→ **¿Qué buscó el abuelo en el dormitorio para darle a Laura?**

a Otro billete y otro número de teléfono.

b Una llave pequeña y un libro.

c Un mando a distancia y una libreta.

d Un pergamino egipcio.

→ **¿Por qué cree el abuelo que su padre no vendió los libros?**

→ **Marca con una cruz las dos afirmaciones que son verdaderas.**

☐ Ana Esther hacía todos los días ejercicios de memoria con el abuelo.

☐ El abuelo no se fía de su hija Isabel y no le dice dónde están los libros.

☐ Erik amenazó con llamar a la policía antes de volver a París.

☐ El abuelo le dijo a Laura el lugar exacto donde se escondían los libros.

→ **Relaciona con flechas cada personaje con su comportamiento.**

Cuidadosa •

Incrédula •

Cariñosa •

Comprensivo •

Tozudo •

• Isabel

• Erik

• Ana Esther

• El abuelo

Juega con las palabras

Busca cada palabra en la página indicada del libro. Lee el párrafo en el que está para deducir su significado.

➡ **Escribe el número del significado correcto.**

1. **torcido** (página 32)
2. **jovial** (página 32)
3. **suspicaz** (página 32)
4. **instante** (página 33)
5. **conciliador** (página 35)
6. **exasperada** (página 37)
7. **conflicto** (página 37)
8. **vestíbulo** (página 38)
9. **umbral** (página 40)
10. **acertijo** (página 40)

- [ ] Propenso a la desconfianza.
- [ ] Apuro, situación desgraciada.
- [ ] Enigma o adivinanza.
- [ ] Referente al gesto, que muestra desagrado.
- [ ] Espacio de entrada a una vivienda.
- [ ] Porción brevísima de tiempo.
- [ ] Parte de entrada a una habitación.
- [ ] Irritada o enojada.
- [ ] Alegre, frestivo, apacible.
- [ ] Que pone de acuerdo a dos o más personas.

SOPA DE LETRAS

Busca lo más rápido que puedas las palabras de la libreta en la sopa de letras.

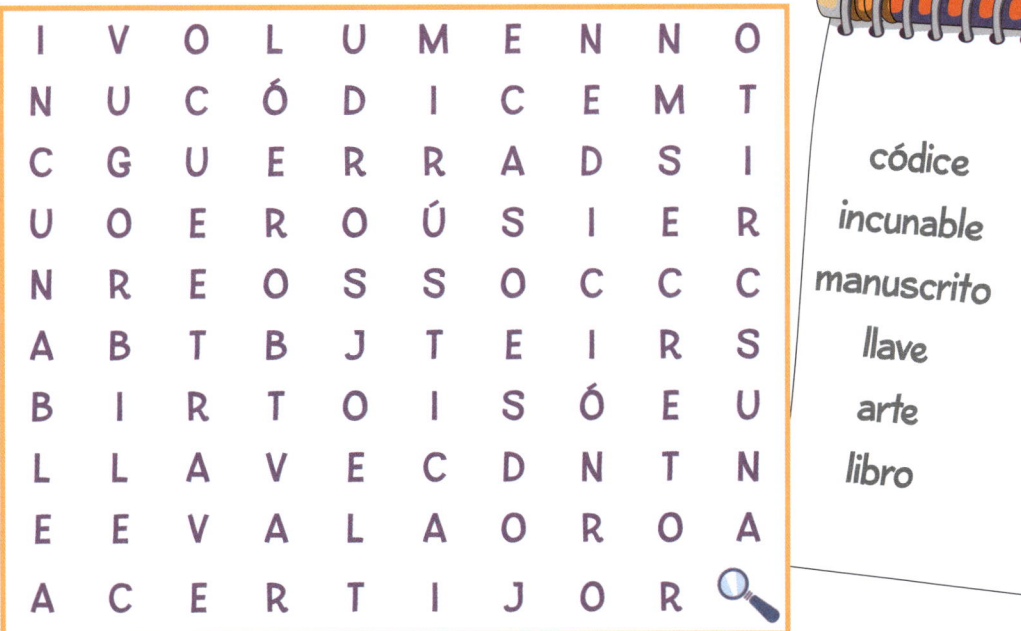

```
I V O L U M E N N O
N U C Ó D I C E M T
C G U E R R A D S I
U O E R O Ú S I E R
N R E O S S O C C C
A B T B J T E I R S
B I R T O I S Ó E U
L L A V E C D N T N
E E V A L A O R O A
A C E R T I J O R
```

códice · guerra · incunable · secreto · manuscrito · volumen · llave · edición · arte · rústica · libro · acertijo

➡ **Con las letras que sobran, forma la respuesta a esta pregunta:**

¿Qué conservaba la familia en la casona de Cáceres?

_____

A ver si recuerdas

Vuelve a leer la nota del ejercicio anterior y tacha las diez palabras que no se encontraban en la sopa de letras.

códice   incunable   pantalla   secreto   instrumento

ordenador   letra   rústica   teclado   fotocopia   volumen

canción   música   arte   acertijo   impresora

edición   manuscrito   libro   dibujo

En clave

Lee el texto y subraya las dos palabras que consideres más importantes para resumirlo.

Estuvo mal. A mí me lo contó al final, cuando ya estaba muy enfermo. Me pidió que los protegiera... Pero esto no se lo podéis contar a nadie, es un secreto, ¿me oís? Porque hay gente que los quiere. Y ahora saben que los tenemos. Podrían llegar a matar por esos libros. Son muy peligrosos. ¡Muy peligrosos!

→ **Sin fijarte en el texto y usando las palabras que has subrayado, escribe un resumen de dos líneas.**

¡Mucha atención!

Busca en este cuadro, lo más rápido que puedas, la solución a las preguntas que tienes debajo.

- **Falta una de las vocales. ¿Cuál es?** ....
- **¿Qué números se repiten tres veces?** ....
- **¿Qué letra se repite cuatro veces?** ....
- **¿Qué número no se repite?** ....
- **¿Qué vocal solo aparece una vez?** ....

¿Cómo lees?

Prepara la lectura en silencio. Luego lee en voz alta.

→ **Debes leer muy rápido las palabras en negrita y muy despacio, las subrayadas.**

Había vendido ya otras cosas de **la misma colección** y había <u>saltado la alarma</u>. La policía estaba al acecho. Y hay **infiltrados** en el mercado <u>negro del arte</u>. Le dieron un soplo, menos mal, y **gracias a eso** no fue a la cárcel. Pero no se atrevió <u>a venderlos</u> en toda su vida. Su explicación **tenía tanto sentido,** que, por un momento, <u>Laura se olvidó</u> de que estaba enfermo. Isabel también **parecía impresionada** por sus palabras.

—Pero <u>esa historia</u> nunca nos **la has contado,** papá —se lamentó—. ¿Por qué no habías dicho nada?

—<u>Porque no me gusta</u>. No me gusta nada **esa historia.** No me gusta <u>lo que hizo mi padre</u>. Robar a **unas personas** que estaban en un <u>campo de concentración</u>…

Autoevaluación

¿Tu **velocidad** es la adecuada para que tu mensaje llegue con claridad a todos los que escuchan?

Valóralo del 1 al 10 →

Solo con los ojos

Lee las palabras de cada etiqueta de un solo golpe de vista.

En la casona, el palacete que había comprado el abuelo Ismael, la familia conservaba numerosas antigüedades y objetos de valor. También había una gran biblioteca repleta de libros valiosos, aunque no tan antiguos como los tres que pertenecían a la familia de Erik. La casona había sido siempre el lugar favorito del abuelo.

→ **¿Qué había en la biblioteca de la casona?** _____

Lee cada pareja de palabras fijando la vista en el punto.

hija	●	triste	cárcel	●	vida	objeto	●	valor
tono	●	nieta	final	●	gente	suspiro	●	nieta
voz	●	día	nieta	●	mirada	chico	●	salón
alarma	●	policía	legal	●	nada	aviso	●	capital

→ **¿Qué palabra se repite tres veces?** _____

¿Cuántas veces se repite la primera palabra de cada serie?

mano	cano, gano, mano, nano, sano, mano, mago, majo, malo, mano, mapa, marro, mano, mazo, manto, mano, paño, baño, caño, mano, ceño, leño, mito, mano, nido, cano, gano, mano, nano, sano.	☐
tono	cono, tono, dono, lana, ñoño, tono, toco, todo, tomo, tono, topo, toro, tono, toso, tuna, tono, tubo, tufo, tono, taco, tango, tono, tajo, toso, tono, tino, tiro, timo, tono, tiño.	☐
cara	casa, masa, cara, para, rara, tara, cara, vara, cera, cada, cara, caja, cala, cama, cana, cara, caña, capa, caja, cava, cata, cara, caro, carta, carpa, cerca, casa, cara, masa, para.	☐
nada	cada, maga, manga, nada, nácar, mapa, nada, nata, cata, capa, caja, cala, nada, cana, cama, nada, caña, cara, nada, cada, maga, nada, manga, nácar, nada, mapa, nata, nada, cata, casa.	☐

UNA BIOGRAFÍA

Lee detenidamente la biografía de Ana Alonso y realiza las actividades.

Ana Alonso

Ana Alonso nació en Tarrasa (Barcelona) en 1970, aunque ha residido durante la mayor parte de su vida en León. Se licenció en Ciencias Biológicas por la Universidad de León. Ha recibido importantes premios de poesía. Entre sus libros dirigidos al público infantil y juvenil, destaca la colección Pizca de Sal.

Junto a Javier Pelegrín, es coautora de la serie de fantasía y ciencia ficción *La llave del tiempo* (Anaya) y de otras sagas. En 2008 ambos autores obtuvieron el Premio Barco de Vapor por *El Secreto de If.* También recibieron el XII Premio Anaya de Literatura Infantil y Juvenil en 2015 con *El sueño de Berlín.* La obra de Ana Alonso ha sido traducida a diversos idiomas (desde el francés o el alemán hasta el japonés, el coreano y el turco).

➤ **Indica si las siguientes afirmaciones son verdaderas (V) o falsas (F).**

		V	F
1	Ana Alonso nació en Tarrasa, aunque ha vivido en León casi toda su vida.	☐	☐
2	Estudió Ciencias Económicas en León.	☐	☐
3	Ningún libro suyo ha sido traducido a otro idioma.	☐	☐
4	Con la obra *El sueño de Pekín* obtuvo el Premio Anaya.	☐	☐
5	La editorial Anaya publicó *La llave del tiempo.*	☐	☐

➤ **¿Qué tipo de literatura escribe Ana Alonso?**

☐ Poesía.   ☐ Novela policíaca.   ☐ Infantil y Juvenil.   ☐ Terror.

➤ **¿Con quién ha sido coautora en muchas de sus obras?**

....

➤ **¿Qué datos de la biografía de Ana Alonso te parecen más interesantes?**

....

➤ **Cuando seas mayor, ¿qué datos te gustaría que aparecieran en tu biografía?**

....

JUEGO 5

¡Empezamos!

Lee los capítulos 5 y 6 y, después, realiza las actividades.

¿Dónde se encontraba el palacio?

a A las afueras de la ciudad.

b En pleno centro.

c En un pueblo cercano.

¿Qué trabajo tenía que hacer Isabel?

a Mandar unos *emails*.

b Ordenar papeles.

c Una reunión *online*.

¿Cuál era la estancia más grande de la mansión?

a La biblioteca.

b El salón.

c La cocina.

¿Cómo eran el incunable y el Beato?

a Pequeños y ligeros.

b Uno grande y el otro pequeño.

c Enormes y pesados.

¿Qué libro era el único manuscrito?

a El incunable.

b El Beato.

c El códice.

¿Quién era Epicteto?

a Un filósofo romano.

b Un soldado griego.

c Un rey visigodo.

En los libros había rodeado...

a dos letras del título o el autor en rojo.

b dos páginas en verde.

c dos palabras de la primera página.

¿Qué había debajo del diario?

a Un billete de cien pesetas.

b Una tarjeta de visita negra.

c Una flor seca aplastada.

¿Qué hacía Laura con la llave?

a Encajarla en alguna cerradura.

b Compararla con otras.

c Observarla con una lupa enorme.

¿Qué estanterías tenían que mirar?

a Las centrales.

b Las de abajo.

c Las de arriba.

¿Qué cocinó Isabel para cenar?

a Nada. Pidió unas *pizzas*.

b Sopa y espaguetis.

c Sándwiches vegetales.

¿Qué hizo Isabel con el número de teléfono?

a Comprobar su procedencia.

b Llamar.

c Guardarlo en la cartera.

El abuelo llamó al experto para...

a felicitarlo por su cumpleaños.

b decirle que no tenía los libros.

c autentificar y restaurar los libros.

¿Qué decía el experto de los herederos?

a Que no quedaba ninguno.

b Que quedaba un chico joven.

c Que quedaban dos familias.

El experto dice que los libros estaban en...

a las estanterías superiores.

b un escondite que creó el abuelo.

c el desván.

¿Qué acuerdan Isabel y el experto?

a Que volverían a llamarse.

b No llamarse nunca más.

c Que él iría a Cáceres y los ayudaría.

Juega con las palabras

Busca cada palabra en la página indicada de libro. Lee el párrafo en el que está para deducir su significado.

➡ **Marca la opción que corresponde a ese significado.**

- **repentino** (página 41)
  - ☐ Pronto, impensado, no previsto.
  - ☐ Que piensa todo detenidamente.
  - ☐ Dividido en cinco partes iguales.

- **porticado** (página 41)
  - ☐ Con acceso a un puente.
  - ☐ Construcción con soportales.
  - ☐ Puerto naval.

- **perplejo** (página 41)
  - ☐ Vehículo para carga pesada.
  - ☐ Basto, ordinario.
  - ☐ Dudoso, incierto, confuso.

- **penumbra** (página 43)
  - ☐ Sentimiento grande de tristeza.
  - ☐ Sombra débil entre la luz y la oscuridad.
  - ☐ Espacio anterior al umbral.

- **deteriorada** (página 55)
  - ☐ Que pasa a un estado peor. Estropeada.
  - ☐ Osada, valerosa.
  - ☐ Que sirve para detectar algo.

- **bibliófilo** (página 55)
  - ☐ Aficionado a coleccionar libros raros y curiosos.
  - ☐ Persona que lee la Biblia habitualmente.
  - ☐ Autobús con una biblioteca en su interior.

- **frágiles** (página 55)
  - ☐ Sucesos lastimosos.
  - ☐ Frutos de la palmera.
  - ☐ Quebradizos y que se hacen pedazos con facilidad.

- **lúcido** (página 56)
  - ☐ Presumido y bien vestido.
  - ☐ Claro en el razonamiento y en las expresiones.
  - ☐ Vendido recientemente.

➡ **Completa las oraciones con algunas de las palabras del ejercicio anterior.**

Cuando me contó aquella extraña historia, me quedé _____. No me lo podía creer. La casa estaba muy _____. Nadie la había habitado en muchos años. Llevaba unos paquetes muy _____. Contenían piezas de cristal. La habitación, alumbrada tan solo con una vela, estaba en _____.

➡ **Elige una palabra del ejercicio anterior de la que no conocías su significado o te parezca difícil. Escribe una oración con ella.**

Ponle título

Escribe al lado de cada título el número que se corresponde con las oraciones del recuadro.

1. Intentar encontrar algo concreto allí era como buscar una aguja en un pajar.

2. De pequeña soñaba con ser la emperatriz infantil de… ¡*La historia interminable*!

3. Los libros estarán en su escondite, el que su padre creó en la biblioteca.

4. En estos libros hay letras rodeadas de rojo. Anótalas.

5. Los libros cubrían todas las paredes desde el suelo hasta el techo.

_____ ¡Nueva pista!

_____ Libros y más libros

_____ Sueño infantil

_____ El lugar secreto

_____ Misión imposible

Palabra intrusa

Tacha las palabras incorrectas en cada oración.

Sin **añadió** • **añadir** nada más, Isabel se **alejó** • **alejaron** por **el** • **la** corredor alfombrado de rojo arrastrando **unos** • **su** maletín de ruedas. Había accedido a **llevaría** • **llevarlos** desde Madrid en **su** • **sus** coche después de **acordar** • **acordarse** con **el** • **su** empresa un **pares** • **par** de jornadas de teletrabajo, pero no **parecía** • **parecían** ansiosa por involucrarse en **aquel** • **la** búsqueda de **los** • **unas** libros.

¡Mucha atención!

Indica el número de veces que aparecen repetidos los libros.
Utiliza solo con la vista.

.... veces

.... veces

.... veces

.... veces

.... veces

.... veces

.... veces

¿Te adelantas al texto?

Lee este texto en voz alta reemplazando, los números por las palabras
que aparecen a los lados.

➔ **Antes de leerlo en voz alta, prepara la lectura en silencio.**

1 cerraduras

2 secreto

3 letras

4 lápiz

5 éxito

Llevaban más de tres horas registrando de arriba abajo la **(9)** del abuelo. Había intentado encajar la **(6)** que él le había dado en las **(1)** de todos los cajones y puertecitas del **(10)** y las vitrinas, pero no había tenido **(5)**. Erik y Nuria habían retirado los **(7)** de muchas de las estanterías, en busca de algún compartimento **(2)** o un panel corredizo. No habían encontrado nada. También habían hojeado cientos de libros en busca de nuevas **(8)**. Había algunos subrayados con **(4)**, pero no volvieron a encontrar **(3)** rodeadas de rojo.

6 llave

7 libros

8 marcas

9 biblioteca

10 escritorio

AUTOEVALUACIÓN

¿Te adelantas al texto antes de pronunciarlo?

Valóralo del 1 al 10 ➔

1 2 3 4 5 6 7 8 9 10

SOLO CON LOS OJOS

Lee las palabras de cada columna de arriba abajo.

En	levantar	de
el	el	visita
escritorio	diario	negra
no	de	con
había	la	un
ningún	dama	nombre
libro	japonesa	impreso
más	encontraron	en
pero	una	letras
al	tarjeta	blancas

➡ **¿Qué había debajo del diario?** _____

Lee cada pareja de palabras varias veces, fijando la vista en el punto.

tesoro ● palacio		verde ● piel		talle ● mundo	
vida ● arte		papel ● viejo		pila ● alto	
cuarto ● puerta		título ● tesoro		rojo ● nota	
balcón ● pared		beato ● siglo		enfado ● tesoro	

➡ **¿Qué palabra se repite tres veces?** _____

Busca las palabras que no se repiten y escríbelas.

clave	diario	cifra	japonesa	título	clave
estantería	página	época	historia	llave	época
japonesa	queso	estantería	queso	diario	título
cifra	historia	dama			

camino	sillón	mueble	abuelo	dedos	caja
estudio	dedos	casona	caja	gesto	silencio
tarjeta	sillón	silencio	camino	número	mueble
estudio	gesto	número			

El plano de una biblioteca

Lee con atención el plano de una biblioteca y realiza las actividades.

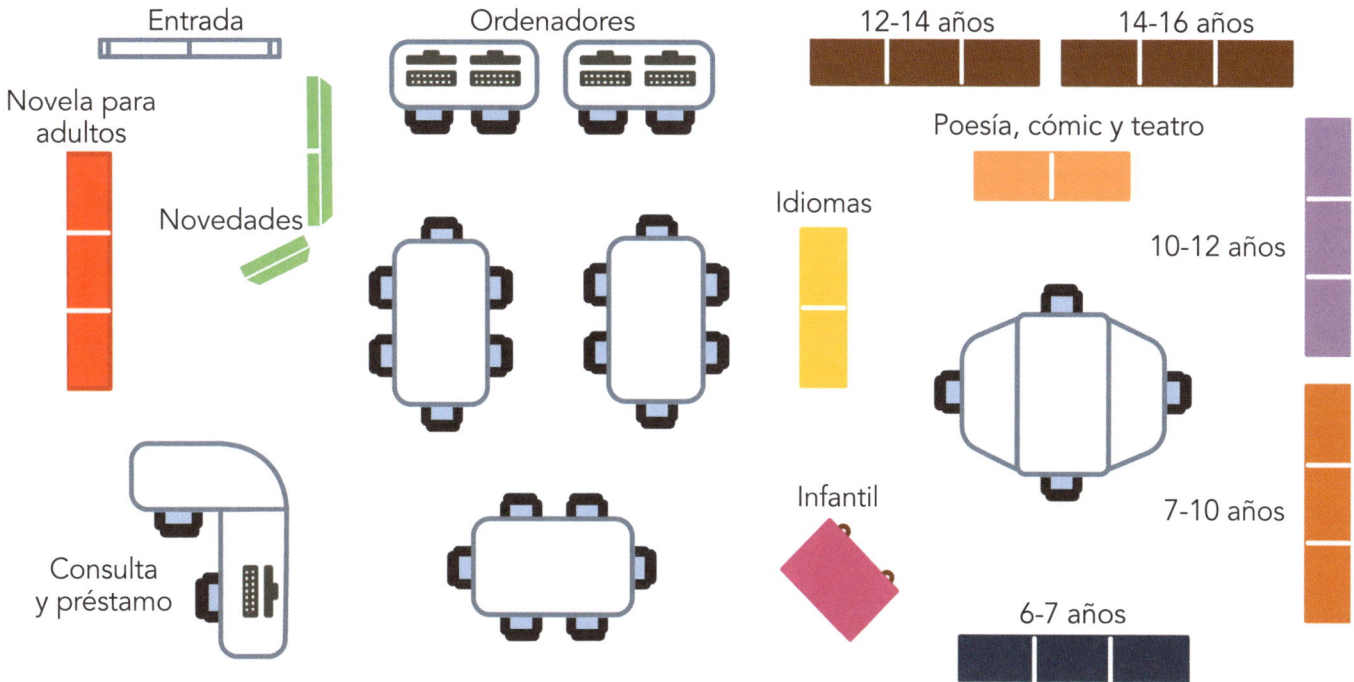

→ **Señala con una cruz si cada una de estas afirmaciones es verdadera (V) o falsa (F).**

		V	F
1	Los libros de 10 a 12 años se indican con el color morado.	☐	☐
2	La estantería de los libros de idiomas se encuentra en una esquina.	☐	☐
3	No hay mesas para leer o trabajar en la biblioteca.	☐	☐
4	Las novedades están cerca de la puerta de entrada.	☐	☐
5	No hay libros para adultos.	☐	☐

→ **Si buscas un libro de poesía de Ana Alonso, ¿dónde puedes encontrarlo?**

☐ En el apartado de idiomas.　　☐ Junto a los libros de teatro.

☐ En la sección de diccionarios.　　☐ Junto a la entrada.

→ **¿En qué apartado puedes encontrar un libro escrito en inglés?**

☐ Poesía.　　☐ Novedades.　　☐ Idiomas.　　☐ Novela para adultos.

→ **¿Entre qué dos secciones se encuentran los libros de Infantil?**

....

→ **¿Qué utilidad tiene interpretar correctamente un plano?**

....

JUEGO 6

¡Empezamos!

Lee el capítulo 7 y, después, realiza las actividades.

→ **¿Dónde creen los chicos que están escondidos los libros?**

a En la cocina.

b En el dormitorio principal.

c En la biblioteca.

→ **Isabel recomienda a todos que actúen con...**

a prudencia.

b naturalidad.

c picardía.

→ **Laura graba la conversación con...**

a un equipo de música.

b una grabadora portátil.

c la grabadora del móvil.

→ **Isidro se ofrece para...**

a vender los cuadros.

b restaurar los libros.

c acompañarlos a la policía.

→ **¿Qué le pide Isabel a Erik que haga cuando llegue el experto?**

a Que se esconda.

b Que no hable.

c Que no diga su nombre ni quién es.

→ **¿Cómo reconoció Isidro a las hermanas?**

a Había vigilado la casa.

b Las había visto en fotos.

c Escuchó que su madre las llamaba.

→ **¿Dónde se encontraba el mando que abría el escondite?**

a En la misma biblioteca.

b En la chimenea del salón.

c En la cocina, en una lata de pimentón.

→ **¿Qué vieron en el escondite?**

a Solo uno de los libros. Faltaban dos.

b Los tres valiosos libros.

c Nada. El escondite estaba vacío.

→ **Numera del 1 al 4 estas situaciones según el orden en el que suceden.**

☐ Abren el escondite de los libros, pero está totalmente vacío.

☐ Isidro les indica el escondite de los libros y cómo se abría.

☐ Les visita Isidro, el experto en libros.

☐ Buscan los tres libros antiguos en la biblioteca de la casona.

→ **Indica si cada una de estas afirmaciones es una opinión (O) o un hecho (H).**

	O	H
1 Isabel cree que Isidro ha mentido.	☐	☐
2 Laura piensa que se le da muy bien actuar.	☐	☐
3 Erik se escondió en el dormitorio de invitados.	☐	☐
4 Laura grabó la conversación con el móvil.	☐	☐
5 Isidro considera que el lugar actual no es el mejor para estos libros.	☐	☐
6 El escondite se abría con un mando a distancia.	☐	☐

Deduce el significado

Lee el párrafo en el que están las palabras indicadas para deducir su significado.

¡Fíjate en el ejemplo!

➡ Asigna el número de cada palabra a los fragmentos que completan su definición.

1	enésima (pág. 58)	1	Número elevado de veces		representa una aplicación.
2	resorte (pág. 58)		Precaución y reserva		que utiliza un muelle.
3	naturalidad (pág. 60)		Con una perturbación	1	que se repite una cosa.
4	modesta (pág. 60)		Lugar para esconder		violenta del ánimo.
5	icono (pág. 60)		Descrito con		ni presuntuosa.
6	cautela (pág. 61)		Idea a la que se		y guardar algo.
7	escondrijo (pág. 64)		Que no es arrogante		está fuertemente adherido.
8	pormenorizado (pág. 64)		Mecanismo de apertura		sencillez en el trato.
9	convicción (pág. 65)		Espontaneidad y		detalle y minuciosidad.
10	conmocionado (pág. 66)		Símbolo gráfico que		con que se procede.

Como en un espejo

Lee este texto en espejo y contesta a las preguntas.

Desde buena mañana, se habían dedicado a registrar la biblioteca en busca del escondrijo que había mencionado Isidro Ridruejo la noche anterior. Habían inspeccionado las estanterías más altas retirando los libros y palpando el fondo, por si había algún resorte escondido. Habían observado palmo a palmo cada centímetro de pared. Habían retirado las alfombras por si había alguna trampilla oculta en el suelo... Solo se habían detenido para salir a comer, y después habían reanudado la búsqueda. Sin embargo, no habían encontrado nada. Se sentían todos cansados y frustrados.

1 ¿Qué sala de la casona registraban?

2 ¿Qué estanterías registraron?

3 ¿Qué retiraron del suelo?

4 ¿Para qué se detuvieron?

5 ¿Cómo se sentían?

A ver si recuerdas

Señala con una cruz las cinco palabras y las cinco oraciones que aparecen en el texto de la página anterior.

parque	
bicicleta	
biblioteca	
patinete	
escondrijo	
alfombras	
frenazo	
trampillas	
desayuno	
búsqueda	

Se habían dedicado a registrar la biblioteca.	
Desayunaron muy temprano.	
Habían inspeccionado las estanterías más altas.	
Habían observado cada centímetro de pared.	
Se ilusionaron al encontrar los libros.	
Organizaron un campeonato de ajedrez.	
Solo se habían detenido para salir a comer.	
El lunes volverían a juntarse.	
No habían encontrado nada.	
Los teléfonos móviles dejaron de funcionar.	

¡Sigue las pistas!

Lee las pistas para averiguar cuál es el mando a distancia que abre el escondite de los libros.

Pistas

No lleva llave.

Tiene dos botones.

Es de color negro.

Lleva una luz roja.

Hay candados dibujados en los botones.

A B C D E

El mando del escondite de los libros lleva la letra: _____

Mensaje secreto

Escribe en cada espacio la letra que corresponda, según esté a la izquierda o la derecha del número.

I		D
U	1	N
A	2	P
E	3	R
T	4	F
O	5	D
B	6	L
S	7	H
C	8	I
J	9	M

1I 1D 2I   2D 1I 3I 3D 4I 2I   4D 5I 3D 3D 2I 5D 2I

5D 3I   4I 2I 6I 6D 2I 7I   7I 2I 6D 4I 5I   7D 2I 8I 8D 2I

2I 3D 3D 8D 6I 2I   3I 1D   3I 6D   7I 1I 3I 6D 5I '

5D 3I 9I 2I 1D 5D 5I   2I 6D

5D 3I 7I 8I 1I 6I 8D 3I 3D 4I 5I   1I 1D

8I 5I 9D 2D 2I 3D 4I 8D 9D 3I 1D 4I 5I .

¿Levantas la mirada?

Lee este texto como si fueras un presentador de televisión. Alza los ojos cada vez que encuentres este signo .

Si la familia decide vender, 👁 para mí sería un honor facilitar la operación. 👁. Tengo la experiencia y los contactos necesarios. 👁 Para mí sería un honor... 👁 Y, si me permitís que me exprese con sinceridad, 👁 creo que sería también lo mejor para los libros. 👁 Un escondrijo en un palacio deshabitado 👁 no es el mejor sitio para conservar unas joyas de ese valor. 👁 El códice está en una caja hermética con atmósfera protectora, 👁 pero no me refiero a eso... 👁 Son objetos que necesitan una vigilancia. 👁 Un estudio más pormenorizado del que yo he hecho. 👁 Pero de eso solo se pueden encargar los grandes museos o los coleccionistas privados 👁 con medios suficientes. 👁.

AUTOEVALUACIÓN

¿Diriges la **mirada** al auditorio?

Valóralo del 1 al 10

1 2 3 4 5 6 7 8 9 10

Solo con los ojos

Lee las palabras de cada etiqueta de un solo golpe de vista.

Isabel salió · a recibir en persona · a su visitante, · mientras Laura

tecleaba en la pantalla · de su móvil · para activar la grabadora.

Se puso tan · nerviosa que no · encontraba el icono

de grabación, · y por un momento · se sintió incapaz · de hacerlo...

Afortunadamente, al final · acertó a activarlo.

→ **¿Qué no encontraba Isabel en su móvil?** ....

Lee cada pareja de palabras fijando la vista en el punto.

cara	●	noche	riesgo	●	coche	fotos	●	llave
noche	●	palmo	subir	●	hijas	mérito	●	gente
suelo	●	comen	venta	●	llave	edad	●	años
llave	●	padre	alarma	●	natural	asunto	●	lengua

→ **¿Qué palabra se repite tres veces?** ....

Escribe debajo de cada columna las palabras que se repiten y cuántas veces lo hacen.

cosa	caso	caso	valor	volar	valor	lata	bata	bata
caso	cosa	cosa	volar	votar	volar	pata	pata	lata
casa	caso	casa	velar	valor	votar	lata	lata	pata
cosa	casa	caso	valor	volar	vetar	pata	pata	bata
casa	cosa	caza	votar	votar	volar	lata	bata	nata

Cómo forrar un libro

Lee las instrucciones para forrar un libro y realiza las actividades.

¿Qué necesitas?

- Un papel que te guste.
- Papel celo.
- Tijeras.
- Una regla.

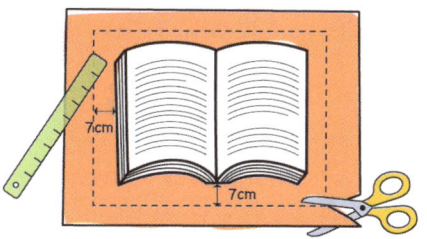

Coloca el libro abierto sobre el papel. Corta el papel, dejando unos 7 cm más alrededor del libro.

Corta diagonalmente las esquinas del papel y la parte del lomo del libro.

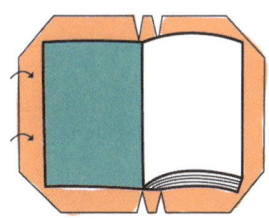 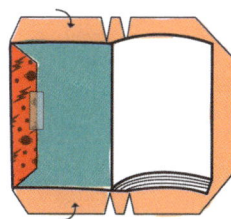 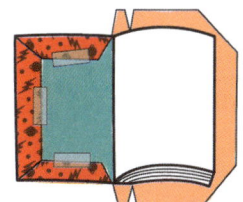 

Dobla los bordes del papel hacia el interior y pégalo con celo, de manera que cubra las tapas del libro. El papel debe quedar liso y sin arrugas para tener un buen acabado.

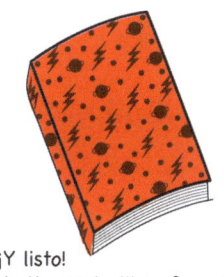

¡Y listo!
Ya tienes tu libro forrado.

→ **Señala si las siguientes afirmaciones son verdaderas (V) o falsas (F).**

		V	F
1	El papel es más largo y ancho que el libro abierto.	☐	☐
2	Hay que medir el libro con las tapas cerradas.	☐	☐
3	Se doblan los cuatro bordes del papel.	☐	☐
4	Los bordes se fijan con grapas.	☐	☐
5	El papel debe quedar liso y sin arrugas.	☐	☐

→ **Ordena los pasos numerándolos del 1 al 4.**

☐ Se fijan los bordes con pegamento o celo.

☐ Se coloca el libro abierto sobre el papel.

☐ Se introducen las tapas en el forro.

☐ Se doblan los bordes.

→ **¿Qué paso te ha parecido más fácil? ¿Y más difícil? ¿Por qué?**

....

....

Organiza las ideas

Lee esta oración:

> La biblioteca tiene un espacio para préstamos,
> otro de lectura y otro de informática.

➡ Rodea con un círculo rojo el concepto central y con un círculo azul los conceptos principales. Subraya las palabras de enlace.

Completa con estas ideas el mapa conceptual:

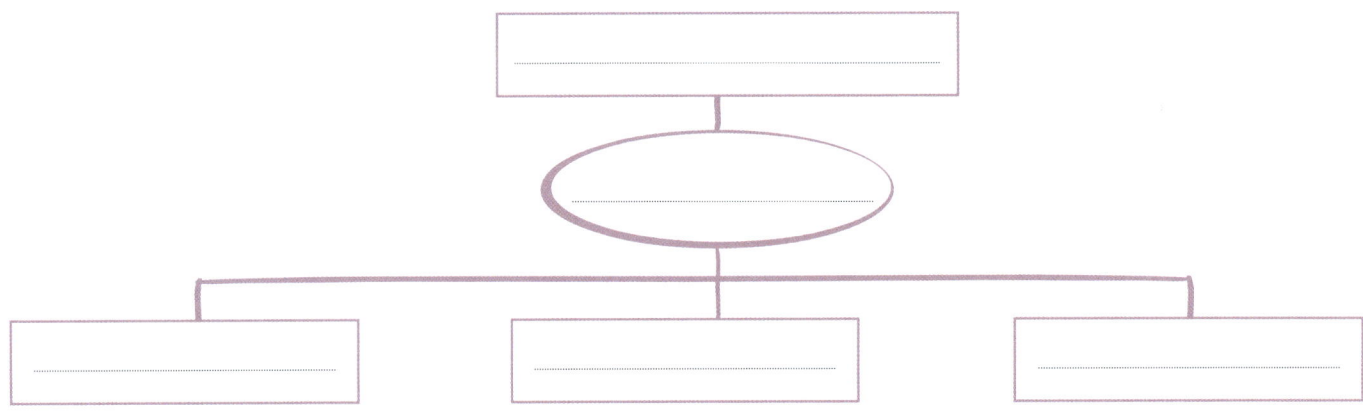

¡Ahora tú!

➡ Lee el mapa conceptual e intenta reconstruir el texto con tus palabras. Explica su contenido al resto de la clase.

Una cita peligrosa

**Presta mucha atención el texto que vas a escuchar.
Luego, realiza las actividades.**

El texto está
en las páginas
23 a 25 del libro

➜ **Laura llamó al número de teléfono...**

a de su padre.

b de la policía.

c que le había dado su abuelo.

➜ **¿Qué día de la semana era?**

a Sábado.

b Domingo.

c Miércoles.

➜ **¿Qué le envió Erik a Laura?**

a Uno de los tres libros.

b Fotos antiguas de los libros.

c Una fotocopia de su pasaporte.

➜ **¿Cuándo robó el bisabuelo los libros?**

a Al final de la guerra.

b Al principio de la guerra.

c Poco antes de morir.

➜ **¿Cuándo intentaron vender los libros?**

a Hace diez años.

b Nunca.

c Hace unos meses.

➜ **¿Por qué confía Laura en Erik?**

a Porque se lo recomendó su hermana.

b En realidad, no confía nada.

c Porque Erik confía en ella.

➜ **Marca con una cruz las tres afirmaciones que son verdaderas.**

☐ Laura no ha querido quedar con Erik.

☐ La madre y la hija desayunaban chocolate con churros.

☐ Nuria había salido con sus amigas la noche anterior.

☐ El padre se había ido a correr.

☐ Laura se entera de que no eran tres libros, sino seis.

☐ La familia de Erik lleva muchos años intentando recuperar los libros.

➜ **Señala las cinco afirmaciones ciertas sobre Erik.**

☐ Tiene 30 años. ☐ Es el heredero de los libros. ☐ Ha quedado con Laura.

☐ Nunca ha viajado a España. ☐ Habla francés y español. ☐ Ha venido a España.

☐ Quiere engañar a Laura. ☐ Solo habla francés. ☐ Tiene 19 años.

➜ **Laura no conoce a Erik, ¿quedarías tú con un desconocido? ¿Por qué?**

....

....

➜ **Si pudieses elegir, ¿qué personaje te gustaría ser? ¿Porqué?**

☐ Erik   ☐ Laura   ☐ Isabel

....

....

JUEGO 7

LEE EN SILENCIO

Puedes consultar el libro las veces que lo necesites

¡Empezamos!

Lee el capítulo 8 y, después, realiza las actividades.

➔ **¿Qué opina Isidro sobre llamar a la policía?**

- a Que sería un gran acierto.
- b Que sería un gran error.
- c Que convendría pensarlo antes.

➔ **Cuando se fue Isidro, Isabel...**

- a llamó a su marido.
- b se fue a dormir.
- c llamó a su padre.

➔ **Erik pensaba que Isidro...**

- a era una buena persona.
- b no tenía ni idea sobre libros.
- c era un traficante.

➔ **¿Qué hacía Isabel en la cocina?**

- a Recoger la vajilla.
- b Una ensalada.
- c Un caldo de pollo.

➔ **¿Qué tipo de queso llevaba la ensalada?**

- a De cabra.
- b De oveja.
- c Azul.

➔ **Las verduras tenían...**

- a un sabor excelente.
- b muy buena presencia.
- c poco sabor.

➔ **Erik creía que la llave de Laura era de...**

- a un buzón.
- b una caja fuerte.
- c un coche.

➔ **El libro de Epicteto les dio la pista de...**

- a una localidad romana.
- b una biblioteca.
- c un banco suizo.

➔ **Señala con una cruz si cada una de estas afirmaciones es verdadera (V) o falsa (F):**

	V	F
1 Isidro decía que solo el abuelo y él conocían el escondite.	☐	☐
2 Todos pensaban que era probable que el abuelo hubiese quemado los libros.	☐	☐
3 Erik esperó en su habitación muy tranquilo y despreocupado.	☐	☐
4 Todos cenaron en la biblioteca.	☐	☐
5 El título del libro de Epicteto tenía las letras centrales subrayadas.	☐	☐

➔ **Ponte en el lugar de los personajes. ¿Llamarías a la policía? ¿Por qué?**

Juega con las palabras

Busca cada palabra en la página indicada del libro. Lee el párrafo en el que está para deducir su significado.

➜ **Escribe el número de cada palabra junto a su significado.**

1 **ansioso** (página 68)

2 **discreción** (página 69)

3 **evasivo** (página 69)

4 **delirios** (página 69)

5 **pose** (página 69)

6 **traficante** (página 70)

7 **contrarrestar** (página 72)

8 **insipidez** (página 72)

9 **fruncido** (página 74)

10 **desvencijado** (página 74)

☐ Cualidad de algo que no tiene sabor.

☐ Que pretende evitar una dificultad o un peligro.

☐ Neutralizar el efecto de algo.

☐ Arrugado, en señal de disgusto.

☐ Confusiones mentales con pensamientos absurdos.

☐ Con partes rotas o desunidas.

☐ Angustiado y agobiado por algo.

☐ Persona que hace negocios ilegales.

☐ Reserva y prudencia al hablar.

☐ Postura poco natural.

➜ **Señala las dos oraciones en las que la palabra resaltada se utiliza correctamente.**

☐ Echaron especias al guiso para **contrarrestar** su poco sabor.

☐ Trabajó de **traficante,** dirigiendo el tráfico los fines de semana.

☐ Actuaba con mucha **discreción** para que nadie sospechara.

☐ Después de los arreglos y la pintura, el coche quedó **desvencijado.**

➜ **Elige una palabra del ejercicio anterior de la que no conocías su significado o te parezca difícil. Escribe una oración con ella.**

....

....

¿Qué falta?

Completa esta tabla con los nombres y verbos que faltan. Luego construye cuatro oraciones con algunas de las palabras.

Nombres	Verbos
escondite	
	viajar
memoria	
	opinar
pregunta	

Nombres	Verbos
	cenar
silencio	
	titular
razón	
	robar

1 ....

2 ....

3 ....

4 ....

En clave

Lee el texto y subraya las dos palabras que consideres más importantes para resumirlo.

Cenaron bajo el fluorescente antiguo de la cocina, en una larga mesa que podía tener varios siglos de antigüedad. Las verduras de la ensalada, compradas a toda prisa en un supermercado, tenían poco sabor. Echaron unas especias para contrarrestar aquella insipidez.

→ **Escribe un resumen del texto sin leerlo de nuevo y utilizandolas dos palabras clave.**

....

....

....

¡Atención a la foto!

Rodea la foto que no se repite.

¿Cómo es tu entonación?

Lee en voz alta las siguientes oraciones, cada vez con una de las cinco entonaciones del recuadro.

interrogación • exclamación • enfado • grito • pena

El único paso que podemos dar es llamar a la policía.

Pudo vender los libros por su cuenta.

Se lo encontraron en la habitación como un león enjaulado.

Las verduras tenían poco sabor.

Cogió la pequeña llave que le había dado su abuelo.

Laura voló por las escaleras para llegar a su cuarto.

AUToevaLUACión

¿Utilizas la **entonación** adecuada en la lectura en voz alta?

Valóralo del 1 al 10 → 1 2 3 4 5 6 7 8 9 10

Solo con los ojos

Lee las palabras de cada etiqueta de un solo golpe de vista.

Isidro se   recompuso con   bastante rapidez,   pero, desde el   momento en que

comprobó que los   libros no estaban   en el escondite   que él mismo

les había revelado,   parecía ansioso por   abandonar la casa.   Se disculpó

alegando que   estaba muy   cansado por   el largo viaje   en coche desde Madrid.

➡ **¿Cómo parecía que se encontraba Isidro?**

_____

Lee varias veces cada pareja de palabras fijando la vista en el punto.

casa ● ojos		malo ● vacío		cuarto ● llave	
vena ● valor		salida ● cuarto		desván ● madre	
cuarto ● vuelta		tabla ● nada		banco ● cajas	
león ● caso		mesa ● siglo		autor ● móvil	

➡ **¿Qué palabra se repite tres veces?** _____

¿Cuántas veces está repetida la primera palabra de cada serie?

pista	gusta, gusto, pista, lisa, liso, pila, pista, pala, pelo, pista, polo, pasta, pana, pista, pata, pita, pista, peto, fiesta, gusto, lisa, pista, liso, pila, pala, pelo, polo, pista, pasta, pana.	☐
caja	baja, faja, maja, raja, caja, roja, cosa, caja, ceja, caja, coja, cada, caja, cala, cana, caja, cama, capa, caja, casa, cata, caza, caja, faja, maja, raja, roja, cosa, caja, ceja.	☐
ceño	leño, ceño, peña, paño, ceño, caño, ceño, cuña, cielo, ceno, ceño, cena, cana, cano, ceño, cine, celo, cebo, cedo, cepo, ceño, caño, ceno, cena, cana, cano, ceño, cine, celo, cebo.	☐
nada	cada, nada, nado, nudo, nada, nata, nana, nada, nadie, muda, nada, mida, ruda, nada, ruedo, saga, sabia, nada, suda, nado, nada, nudo, nata, nana, nadie, muda, mida, nada, ruda, ruedo.	☐

La receta de una ensalada

Lee con atención la información de esta receta y realiza las actividades.

Receta de ensalada con huevo y queso de cabra

Raciones: para 2 personas
Tiempo de preparación: 20 minutos

■ **Ingredientes:**

300 gr. de lechuga. Queso de cabra. 2 tomates.
2 huevos. Vinagre. Aceite de oliva. Sal

■ **Preparación:**

Cuece los huevos en abundante agua hirviendo durante diez minutos. Si echas sal en el agua, evitas que se rompan durante la cocción. Sumerge los huevos en agua fría, pélalos y córtalos en rodajas. Lava y trocea la lechuga y los tomates. Corta el queso en rodajas o en tacos.

■ **Elaboración:**

Pon la lechuga y los tomates en un cuenco. Añade los huevos y el queso. Aliña la ensalada con aceite, vinagre y sal. Remueve bien todo. Puedes añadir tu toque personal añadiendo tus ingredientes favoritos: atún, pepino, espárragos, maíz...

➔ **Señala con una cruz si cada una de estas afirmaciones es verdadera (V) o falsa (F):**

		V	F
1	La receta es para cuatro personas.	☐	☐
2	La preparación lleva unos 20 minutos.	☐	☐
3	Hacen falta dos huevos y tres tomates.	☐	☐
4	El vinagre y el aceite es opcional.	☐	☐
5	Para cuatro personas necesitas 600 gr. de lechuga.	☐	☐

➔ **Numera del 1 al 8 los pasos para preparar la ensalada.**

☐ Remuévelo todo bien.

☐ Añade el queso y los huevos.

☐ Lava y trocea la lechuga.

☐ Corta los tomates.

☐ Echa los trozos de tomate en un cuenco.

☐ Cuece, pela y corta los huevos.

☐ Corta el queso en rodajas o tacos.

☐ Añade el vinagre, el aceite y la sal.

➔ **¿Qué otros ingredientes que te gustan añadirías?**

_____

➔ **¿Qué utilidad tiene leer correctamente una receta?**

_____

_____

JUEGO 8

LEE EN SILENCIO

Puedes consultar el libro las veces que lo necesites

¡Empezamos!

Lee el capítulo 9 y, después, realiza las actividades.

➡ **¿Qué hizo la policía con Isidro?**

  a Agradecerle su ayuda.

  b Detenerlo.

  c Pedirle la documentación.

  d Comunicarle lo ocurrido.

➡ **Para abrir la caja del banco disponían de...**

  a doce horas.

  b dos horas.

  c una hora.

  d media hora.

➡ **¿Qué clave abre la caja?**

  a El orden alfabético al revés.

  b De los libros modernos a los antiguos.

  c Leer los países desde la izquierda.

  d El orden alfabético.

➡ **¿Qué había en la caja de seguridad?**

  a Solo uno de los tres libros antiguos.

  b Los tres libros que buscaban.

  c Dos libros muy extraños.

  d Nada. Estaba vacía.

➡ **Numera del 1 al 4 estas situaciones, según el orden en el que suceden.**

☐ En el interior de la caja del banco se encontraban los libros.

☐ Tras varios intentos, consiguen abrir la caja de seguridad.

☐ Viajaron juntos en avión hasta Ginebra, Suiza.

☐ Intentaron combinar las letras para dar con la clave de la caja.

➡ **Indica si cada una de estas afirmaciones es una opinión (O) o un hecho (H):**

		O	H
1	Las madres de Erik y Laura se llevaban muy bien.	☐	☐
2	La madre de Erik hablaba español, porque veraneaba en España.	☐	☐
3	Erik cree que había que ordenar los libros por orden alfabético.	☐	☐
4	El banco no podía facilitarles la clave de la caja de seguridad.	☐	☐
5	Nuria no pudo acompañarlos porque tenía exámenes en la universidad.	☐	☐
6	Laura piensa que los libros podrían ir en orden de antigüedad.	☐	☐

Juega con las palabras

Ordena las sílabas para formar palabras y búscalas en la página indicada del libro para deducir su significado.

→ **Escribe cada palabra al lado de su definición.**

crip En ta da Pág. 80	**gis Re tro** Pág. 80	**cia cuen Se** Pág. 81	**vio Ob** Pág. 81
Com na bi ción Pág. 81	**So ne lem** Pág. 84	**tí A pi ca** Pág. 85	**nes Goz** Pág. 87

- .... Gesto grave, firme e interesante.
- .... Serie o sucesión de cosas que guardan cierta relación.
- .... Herrajes articulados sobre el que giran las hojas de las puertas.
- .... Conjunto de signos ordenados de forma determinada.
- .... Acción de examinar para encontrar algo oculto.
- .... Que se aparta de los modelos o tipos conocidos.
- .... Que se encuentra o pone delante de los ojos.
- .... Información convertida en símbolos y protegida con una clave.

Texto partido

Lee este texto que se ha cortado. Después, contesta a las preguntas.

Mientras hablaba, Erik iba ordenando las letras en su bloc de notas. Cuando terminó le enseñó la pantalla a Laura. Ella fue introduciendo las letras una a una. Al introducir la décimo octava, oyeron un sonoro clic. La puerta se abrió y giró sobre sus goznes. Isabel fue la encargada de sacar los tres paquetes envueltos en unos paños de terciopelo negro. Le tendió uno a Giselle y otro a Erik. Con su valiosa mercancía, regresaron a la sala que les habían asignado para inspeccionar el contenido del cofre. Sobre la antigua mesa de caoba, deshicieron los envoltorios de terciopelo. Y allí estaban Giselle rompió a sollozar y se abrazó a Isabel. Laura y Erik también se abrazaron, y luego se sonrieron a través de las lágrimas.

→ **¿Quién introdujo las letras en la caja?** ....

→ **¿Qué letra hizo que la caja se abriera?** ....

→ **¿Qué había envueltos en paños de terciopelo?** ....

→ **¿A quién abrazó Giselle?** ....

A ver si recuerdas

Recuerda el texto de la actividad anterior. Fíjate bien en los dibujos y ordénalos según aparecen en él.

1 ....   2 ....   3 ....   4 ....   5 ....   6 ....

➡ **Cuenta la historia a tus compañeros. Procura no olvidarte de ningún detalle importante.**

Un recorrido

Sigue en el mapa el recorrido que se indica.

Colócate en el punto de salida y avanza:

- 3 cuadros hacia el norte
- 5 cuadros hacia el este
- 3 cuadros hacia el norte
- 4 cuadros hacia el oeste
- 2 cuadros hacia el norte
- 5 cuadros hacia el este
- 2 cuadros hacia el norte
- 3 cuadros hacia el este
- 3 cuadros hacia el norte

➡ **¿Qué te has encontrado? Rodéalo.**

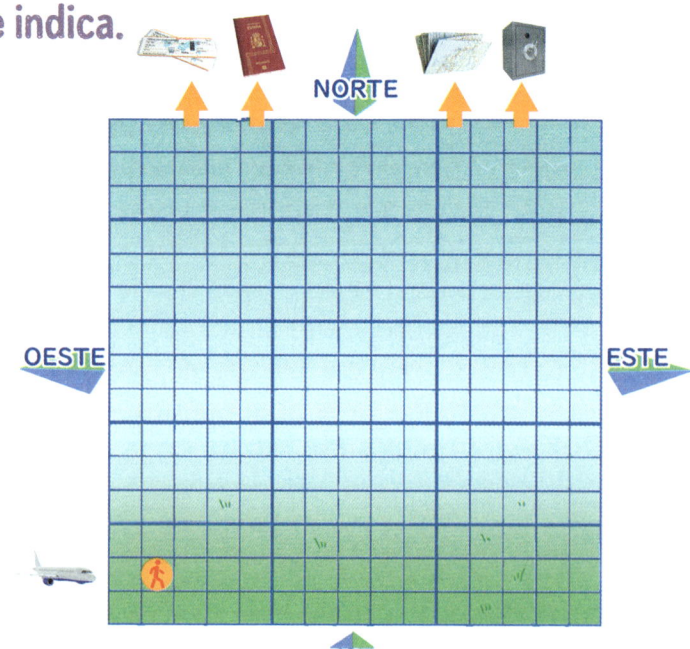

¡Atención a las fotos!

Fíjate en el primer cuadro.

➡ **Escribe el número del objeto que falta en los siguientes cuadros.**

¿Cómo lees?

Lee este texto subiendo o bajando la entonación en la dirección que indique la flecha.

¡Claro!↑ ¡Seguro que es eso! Vamos a ordenarlos de más antiguo a más moderno.↓ Empezaríamos con Edipo,↑ de los antiguos griegos.↓ La E y la o. Después Séneca,↑ romano,↑ L y u. Luego vendría... Sei Shonagon,↑ del siglo X. Una S y una e. A continuación,↑ el Cantar de Mio Cid,↑ C y d,↑ y luego el de Chrétien de Troyes,↑ que es del siglo XII.↓ C y h.↓ Luego nos quedan... La muerte de Arturo,↑ del siglo XV.↓ A y t.↓ Y lo siguiente sería Tolstói a finales del siglo XIX.↓ T y o.↓ Después... vendría Tagore: T y g.↓ Y por último Michael Ende:↓ E y n. ¡Lo tenemos,↑ Laura! ¡Seguro que es esto!↑

AUTOEVALUACIÓN

¿Haces las **pausas** correctamente y con naturalidad?

Valóralo del 1 al 10

| 1 | 2 | 3 | 4 | 5 | 6 | 7 | 8 | 9 | 10 |

Solo con los ojos

Lee el texto intentando abarcar cada línea en un solo golpe de vista.

Desde
el otro
lado de la
acera, Giselle
les hizo un gesto
para que cruzaran
y se reunieran con ellas.
Mientras lo estaban
haciendo llegó un
taxi. Se montaron
los cuatro y Giselle
dio la dirección
de la sede.

¿Qué llegó mientras cruzaban?

Lee varias veces cada pareja de palabras fijando la vista en el punto.

lago ● barrio		costa ● orden		revés ● gesto	
brisa ● valor		arte ● letra		sede ● árbol	
volar ● migas		época ● fechas		caja ● arte	
arte ● hijo		siglo ● banco		brillar ● cristal	

➤ **¿Qué palabra se repite tres veces?** _____

Indica cuántas palabras contienen la sílaba de la izquierda.

bra	Ginebra, embargo, palabra, probable, barniz, obra, estaba, celebrar, fiaba, acostumbrada, arriba, grabar, abrazo, debajo, asombrar, comprobar, bastante, brazo.	☐
bre	cabeza, sobre, haber, nombre, saber, libre, beber, cabello, sobresalto, abre, deber, sobrevivir, nobel, beato, hombre, libreta, pobre, bendito.	☐
bri	brisa, abrir, brillar, abrigo, librito, brillante, ambiguo, bien, sensibilidad, deshabitado, descubierto, cambiar, posibilidad, abierto, prohibido, bienes, cubierta, billete.	☐
ble	sobre, visible, problema, nombre, libre, libreta, establecer, incalculable, desagradable, abre, incunable, apacible, sobrevivir, culpable, imposible, hombre, terrible, pobre.	☐

La ficha de un libro

Lee la información de esta ficha y realiza las actividades.

La senda escondida

Autora: Ana Alonso
Ilustraciones de: Jordi Vila Delclòs
Recomendado a partir de 10 años de edad
Precio: 9,95 €
Formato: Papel
Tamaño: 14,00 x 20,00 cm
Páginas: 152
Etapa: Educación Primaria
Género: Narrativa

Es el primer año que Claudia acude a un campamento de verano, y tiene miedo de no adaptarse. Pero estos temores se le olvidarán cuando conozca a Yulen y Brais, sus compañeros en el taller de botánica. De la mano de su monitora Mónica, los tres se embarcarán en la búsqueda de un tesoro escondido en un bosque durante la guerra de la Independencia, pero para encontrarlo tendrán que aprender a distinguir los diferentes tipos de árboles.

➜ **Indica si cada una de estas afirmaciones es verdadera (V) o falsa (F).**

	V	F
1 Su lectura está recomendada a partir de los 12 años.	☐	☐
2 En la portada hay una guitarra.	☐	☐
3 Su precio es de 9,95 euros.	☐	☐
4 La autora es Ana Alonso.	☐	☐
5 El libro pertenece al género dramático.	☐	☐

➜ **¿Durante qué guerra fue escondido el tesoro que van a buscar en la historia?**

_____

➜ **Relaciona con flechas el personaje con el papel que desempeña en la historia:**

Yulen ●

Claudia ●   ● Monitora

Brais ●   ● Compañero de campamento

Mónica ●   ● Protagonista

➜ **Después de leer la reseña. ¿Qué otro título podría tener el libro? Escríbelo.**

_____

➜ **¿Crees que es útil consultar la ficha de un libro antes de leerlo? ¿Porqué?**

_____

_____

JUEGO 9

¡Empezamos!

Lee el **capítulo 10.** Después, realiza las actividades.

V   F

1. Todos se encontraban en la biblioteca de San Lorenzo de el Escorial. ☐ ☐
2. Se exhibían decenas de libros de la imprenta de Aldo Manuzio. ☐ ☐
3. La joya de la exposición era un libro editado hace pocos años. ☐ ☐
4. Donaron a la Biblioteca Nacional los libros que encontraron en Suiza. ☐ ☐
5. Los libros que se exponían eran copias de los originales. ☐ ☐
6. Las hermanas y Erik pidieron tres canapés cada uno. ☐ ☐
7. A la exposición acudió el director del Museo del Prado. ☐ ☐
8. La sala de la biblioteca estaba llena de niños. ☐ ☐
9. El abuelo no pudo acudir a la exposición. ☐ ☐
10. Laura se preguntaba por qué su bisabuelo robó los libros. ☐ ☐
11. Erik pensaba que el abuelo odiaba los libros. ☐ ☐
12. Laura comprobó que Erik y su hermana se llevaban muy mal. ☐ ☐

➡ **Relaciona cada frase con el personaje que la dice.**

A mí sí que me apetece un canapé. •   • Laura

Este tipo de cosas no deberían ser privadas. •   • Nuria

Yo… os dejo. Me voy a dar una vuelta. •   • Abuelo

Hay cosas muy hermosas en este mundo. •   • Erik

➡ **¿Qué letra inventó Aldo Manuzio?**

☐ Times New Roman.   ☐ La letra negrita.   ☐ La letra cursiva.

➡ **¿Cómo se ve un texto en el ordenador cuando seleccionas letra cursiva?**

☐ Soy la letra cursiva.   ☐ Soy la letra cursiva.

☐ *Soy la letra cursiva.*   ☐ Soy la letra cursiva.

➡ **La familia de Erik regaló los libros a la Biblioteca Nacional. ¿Qué opinas de ello?**

Juega con las palabras

Busca cada palabra en la página indicada del libro. Lee el párrafo en el que está para deducir su significado.

➡ **Escribe al lado de cada palabra el número de la oración que la explica.**

1 Letra que ocupa poco espacio.

2 Personas que dirigen una universidad.

3 Cubierta arqueada en una construcción.

4 Que va derecho, especialmente el cuello y la cabeza.

5 Presentar algo con importancia y solemnidad.

6 Sentimiento que produce tristeza en el ánimo.

7 Ruido del habla muy bajo, que casi no se entiende.

8 Tela de seda o hilo muy clara y fina.

9 Aperitivo de una pequeña ración de pan con comida.

10 Grupo de gente hablando de un tema.

☐ **bóveda** (página 88)

☐ **murmullo** (página 88)

☐ **inauguración** (página 88)

☐ **canapé** (página 90)

☐ **compacta** página 91)

☐ **corrillo** ((página 91)

☐ **gasa** (página 91)

☐ **rectoras** (página 91)

☐ **erguido** (página 92)

☐ **punzada** (página 93)

➡ **Rodea el canapé.**

➡ **Señala las dos frases en las que la palabra resaltada se utiliza correctamente.**

☐ Comí un plato con mucha **gasa.** No es bueno para la salud.

☐ De todos los que ofrecían, el **canapé** de atún era el más sabroso.

☐ Estuvo **erguido** durante dos días, hasta que un helicóptero lo rescató.

☐ Las **rectoras** de varias universidades acordaron modificar el plan de estudios.

➡ **Elige dos palabras del ejercicio anterior de las que no conocías su significado o te parezcan difícil. Escribe una oración con cada una de ellas.**

1 _____

2 _____

Al completo

Completa el texto escribiendo los números de las frases en los lugares adecuados.

1. e instituciones públicas
2. gran impresor renacentista
3. con las notas de un
4. invitados resonaban en
5. en los primeros años del siglo
6. colocado vitrinas con
7. de la exposición sobre
8. Lorenzo de el Escorial

Las voces de los numerosos **4** la bóveda decorada con frescos de la galería, confundiéndose en un murmullo agradable que se mezclaba ☐ piano. Se encontraban en la biblioteca de San ☐, y la fiesta de inauguración ☐ Aldo Manuzio estaba en todo su apogeo. En honor del ☐, se habían ☐ paneles explicativos donde se exhibían decenas de libros producidos en sus talleres ☐ xvi. Algunos de los libros procedían de museos ☐ ; otros, de colecciones privadas.

¡Sigue las pistas!

Lee las pistas y averigua cuál de estos personajes es Aldo Manuzio.

Pistas

Aldo Manuzio:

Lleva un sombrero con pluma.

No tiene bigote.

Lee un libro.

Su sombrero es de color rojo.

1   2   3   4   5   6

→ **Aldo Manuzio es el número:** _____

¡Fíjate en el ejemplo!

¿Cuántas veces?

Cuenta las veces que se repiten en estas palabras los grupos de letras indicados.

biblioteca casi canapé ejemplar cara tambalear
asombro pública compacta BOMBONES cambio IMPRENTA
acabar acercar
hombre comprar imposible colocar tristeza champán PUNZADA
EXPLICAR impresor PIEZA nombre ORGANIZAR imposible

ca: ....   za: ....   mp: ....   mb: ....

¡Os toca!

Preparad este texto para leerlo despúes en voz alta en grupos de tres.

¡Recordad las habilidades que habéis trabajado!

Erik	Creo que vuestro abuelo se siente feliz. Se le ve feliz.
Laura	Es lo que él quería. Que se hiciese justicia.
Nuria	No se imaginaba que sus dueños serían tan generosos.
Erik	Es que este tipo de cosas no deberían ser privadas.
Laura	Nuestro bisabuelo, no. No dejo de preguntarme por qué lo hizo.
Nuria	No podía reconocer que los había robado.
Erik	Al menos, se ocupó de que se conservaran bien. ¡No era fácil!
Nuria	¿Y no creéis que también a él le saldrían oportunidades de venderlos?
Erik	Creo que no los vendió porque, en el fondo, se había enamorado de ellos.
Nuria	¡Eres un romántico!
Laura	Yo... os dejo. Me voy a dar una vuelta.

AUTOEVALUACIÓN

Evalúa del 1 al 10 las **habilidades lectoras** representadas en la tabla.

Valóralo del 1 al 10 → 1 2 3 4 5 6 7 8 9 10

| Postura ☐ | Mirada ☐ | Velocidad ☐ | Entonación ☐ | Volumen ☐ |

Solo con los ojos

Lee las palabras de cada etiqueta de un solo golpe de vista.

La letra cursiva · es elegante, · se lee perfectamente, · y, lo mejor de todo...,

es compacta. · Cuando Aldo · la inventó, · no se usaba para · resaltar citas de

autores en un texto · o nombres científicos. · Se usaba en · libros enteros para

ahorrar espacio. · ¡Aldo fue el creador · de los primeros · libros de bolsillo!

➜ **¿Para qué se usaba la letra cursiva en libros enteros?** ....

Lee varias veces cada pareja de palabras, fijando la vista en el punto.

voces ● nota	pelea ● gente	edad ● hijo
piano ● honor	canapé ● normal	grupo ● espía
joya ● letra	letra ● gente	cosa ● tema
esfera ● madera	mirada ● grupo	letra ● obra

➜ **¿Qué palabra se repite tres veces?** ....

Busca las respuestas en las columnas.

invitado	203	edad	290	
fiesta	101	pista	723	
códice	304	punzada	109	
gente	420	padre	913	
mano	532	obra	389	
familia	204	refresco	538	
taxi	612	silencio	999	
pelea	107	feliz	255	
canapé	425	justicia	856	
letra	349	años	107	
mirada	727	fácil	803	
cursiva	100	seria	337	
compacta	875	interés	422	
gesto	372	hermana	624	
museo	207	vuelta	954	

a) **Escribe los números que se corresponden con estas palabras.**

gente: ....

taxi: ....

letra: ....

edad: ....

b) **Escribe las palabras que se corresponden con estos números:**

304: ....

856: ....

337: ....

290: ....

Cómo envolver un libro para regalo

Lee con atención las instrucciones y realiza las actividades.

¿Qué necesitas?

- Tijeras.
- Papel de regalo.
- Cintas de colores o un lazo.
- Papel celo.

Extiende el papel y pon el libro en el centro, dejando papel suficiente para cubrir toda su superficie. Corta el papel.

Sujeta con los dedos un extremo del papel sobre el libro y dobla la otra mitad hasta envolver completamente el libro.

Sujeta el borde con celo.

Dobla el extremo de uno de los lados hacia abajo. Después, dobla los extremos de la solapa de abajo como indica el dibujo.

Levanta el triángulo de papel que se ha formado y fíjalo arriba con un trozo de celo.

Haz lo mismo con el otro lado.

Pasa la cinta decorativa debajo del libro y crúzala arriba; después, pásala por el otro lado. Tira fuerte y haz un nudo.

Puedes tapar el nudo con lazo que te guste.

→ **Indica si cada una de estas afirmaciones es verdadera (V) o falsa (F).**

	V	F
1 No necesitas celo.	☐	☐
2 En las indicaciones falta el pegamento, y lo necesitas.	☐	☐
3 Fija el triángulo de papel con celo.	☐	☐
4 Hay que anudar con fuerza la cinta.	☐	☐
5 Para empezar, se coloca el libro sobre el papel.	☐	☐

→ **Numera del 1 al 4 el orden de los pasos necesarios para envolver un libro.**

☐ Doblar los extremos formando unos triángulos.

☐ Colocar la cinta decorativa.

☐ Doblar el papel sobre el libro.

☐ Levantar los triángulos hacia arriba y poner celo.

→ **¿Qué paso te parece más difícil?**

....

→ **Señala los materiales que necesitas:**

☐ cintas ☐ llave ☐ lápiz ☐ tijeras ☐ clip

☐ celo ☐ goma ☐ papel ☐ sacapuntas ☐ lazo

→ **Si acompañaras el regalo con una tarjeta, ¿qué escribirías en ella?**

....

61

Organiza las ideas

Lee el texto del recuadro.

> Entre los tipos de papel para imprimir destacan el papel estucado, el papel marcado, el papel ecológico y el papel reciclado. Cada uno tiene diferentes características. El estucado, por ser suave y brillante. El marcado, por su relieve. El ecológico, por respetar el medioambiente. Y el reciclado, por elaborarse a partir de papel macerado.

→ **Identifica en el texto lo siguiente:**

El concepto o idea central: ....

Los conceptos o ideas principales: ....

....

....

Otros conceptos: ....

Las palabras de enlace: ....

→ **Elabora con estas ideas un mapa conceptual.**

→ **Lee el mapa conceptual e intenta reconstruir el texto con tus palabras. Escríbelo debajo y cuéntaselo al resto de la clase.**

....

....

....

 **El registro**

**Presta mucha atención al texto que vas a escuchar.
Luego, realiza las actividades.**

 El texto está en las páginas 50 a 54 del libro

➜ **¿Cuándo se unió Isabel a la búsqueda?**
- **a** Al terminar de preparar la cena.
- **b** Al acabar la videoconferencia.
- **c** Al volver del cine.

➜ **¿Qué había frente a la chimenea?**
- **a** Una mecedora.
- **b** Una silla antigua.
- **c** Un sillón de orejas.

➜ **A las 10, Isabel dijo que había que...**
- **a** dejar de buscar.
- **b** irse a dormir.
- **c** seguir buscando.

➜ **¿Cuándo vuelven a Madrid?**
- **a** En dos o tres días.
- **b** En una semana.
- **c** Mañana por la mañana.

➜ **¿Cómo pidió Isabel las *pizzas*?**
- **a** Con una aplicación del móvil.
- **b** Con una llamada telefónica.
- **c** En la misma tienda.

➜ **¿Qué tenía Erik en la mano?**
- **a** La tarjeta de visita azul claro.
- **b** La tarjeta de visita negra.
- **c** El teléfono móvil.

➜ **Marca con una cruz las tres afirmaciones que son verdaderas.**

- ☐ Registraron la biblioteca durante tres días.
- ☐ Aparte de los libros del escritorio, había infinidad con letras rodeadas de rojo.
- ☐ No habían encontrado ninguna caja fuerte.
- ☐ Laura probó la llave en todas las cerraduras.
- ☐ La nevera estaba llena de comida.
- ☐ La tarjeta de visita llevaba el nombre de Isidro Ridruejo.

➜ **Numera del 1 al 4 estas situaciones según el orden en el que suceden.**

- ☐ Dejan de buscar a las 10 de la noche.
- ☐ Erik mira la tarjeta de visita que tiene entre los dedos.
- ☐ Isabel pide un par de *pizzas.*
- ☐ Prueban la llave y registran de arriba abajo la biblioteca sin encontrar nada.

➜ **¿Qué tipo de *pizzas* pidió Isabel?**

....

....

➜ **Inventa un nuevo título para el texto que has escuchado.**

....

En la realización de esta obra han intervenido:

Asesoría
Carlos Álvarez de Eulate

Edición
Amparo Moreno Gullón

Diseño gráfico
Cristóbal Gutiérrez Camacho

Ilustración
Silvia L. Cabaco

Fotografía
123RF y colaboradores e iStock

Maquetación
Juan Pablo Mora

Los **audios** para «Escucho y Comprendo» (páginas 23, 43 y 63) están disponibles en

Las actividades de este cuaderno, que se basan en el libro *La biblioteca secreta,* de Ana Alonso, publicado por el Grupo Anaya en su colección «Pizca de Sal», están elaborados de acuerdo con los criterios psicopedagógicos y los requerimientos del Proyecto Editorial de Juegos de Lectura - Lectura Eficaz.

La denominación **Juegos de Lectura - Lectura Eficaz** (distintivo con gráfico) está registrada a nombre de Grupo Editorial Bruño, S. L. (marca M1567099).

© del texto: Grupo Editorial Bruño, S. L., 2024
© de esta edición: Grupo Editorial Bruño, S. L., 2024
  Valentín Beato, 21
  28037 Madrid

ISBN: 978-84-696-3558-2
Depósito legal: M-289-2024
Printed in Spain